BLOGSTAR OPA

MIT HERZ UND SCHERE

BLOGSTAR ♥ OPA

MIT HERZ UND SCHERE

KOSMOS

Umschlaggestaltung und Illustrationen von Carolin Liepins

Für meine Eltern, die mir mit ihrer Kreativität immer ein Vorbild sind.
Und für mein Patenkind Tabea, die nun erwachsen ist und schon immer
eine DIY-Queen war.

Unser gesamtes lieferbares Programm und viele
weitere Informationen zu unseren Büchern,
Spielen, Experimentierkästen, DVDs, Autoren und
Aktivitäten findest du unter **kosmos.de**

Gedruckt auf chlorfrei gebleichtem Papier

© 2018, Franckh-Kosmos Verlags-GmbH & Co. KG, Stuttgart
Alle Rechte vorbehalten
ISBN 978-3-440-15930-9
Redaktion: Ina Lutterbüse und Juliane Voorgang
Lektorat: Sophie Härtling-Reine
Produktion: Verena Schmynec
Grundlayout und Satz: DOPPELPUNKT, Stuttgart
Druck und Bindung: GGP Media GmbH, Pößneck
Printed in Germany/Imprimé en Allemagne

Inhalt

Eine Schatzkiste voll Tütü, tata

Licht aus! Spot an! Es ist mucksmäuschenstill. Alle starren gebannt auf den Laufsteg. Und dann. PENG. Die Musik setzt ein. BUMM. BUMM. Der Bass lässt die Stühle vibrieren.

Jetzt geht es los. Super gestylte Models laufen mit langen, coolen Schritten über den Laufsteg. Yeah! Das Publikum jubelt, steht auf. Tosender Applaus! Blitzlichtgewitter. Die Leute von der Presse sind außer sich.

Katy Perry tritt auf. WOW! Aber heute geht es nicht um sie. Sie ist nicht der Star des Abends. Die Models stellen sich rechts und links vom Laufsteg auf. Sie klatschen und tanzen. Alle schauen zum Bühneneingang.

Und dann kommt SIE!

Mitten durch den jubelnden Modeltunnel geht sie bescheiden lächelnd den Catwalk entlang.

Die megaberühmte,

einzigartige

Stardesignerin

GRETA MEIERMÜLLER!

»Greta, Greeeetaaaa!«

Ich lächle HULDVOLL in die Menge. Greta – das bin ich!

GRETA

Katy kommt singend auf mich zu. Wir umarmen uns. Sie kann es immer noch nicht fassen, dass ICH ihr das Hauptkleid meiner neuen Kollektion geschenkt habe. Sie sieht FANTASTISCH darin aus. Das musste einfach sein. Dann singen wir eine Strophe ihres neuesten Hits zusammen. Und plötzlich bin ich Popstar. Popstar UND Designerin gleichzeitig!

Wir sind auf unserem Konzert. Katy und ich. Justin Bieber ist an der Gitarre, Justin Timberlake an den Drums. Die schicken Frauen und Männer, die eben noch mit flatternden Fächern den Laufsteg gesäumt haben, sind auf einmal coole Jugendliche … Sind das nicht Mimi und Emir, und da ist sogar Anna, da Julie und dort Chiara? Hey, fast meine ganze Klasse ist hier! Und sie jubeln mir zu …

»Greeeeeta, Gretaaaaa!«

»I'm wide awake. Not losing any sleep. I picked up every piece. And landed on my feet. I'm wide awake. Need nothing to complete myself, no …«

Mein Duett mit Katy ist so cool. Das Publikum verlangt eine Zugabe …

»Greta! Komm, Schatz, es wird Zeit!«

»Falling from cloud nine. Crashing from the high. I'm letting go tonight. I'm falling from cloud nine …«

»Greta!«

»Ja, Mama«, murmele ich. »Eine Strophe noch, bitte …«

»Strophe? Was denn für eine Strophe? SCHULE!«, sagt meine Mutter.

Das ist gemein! Und gar kein guter Tausch! Aber Mum hat

wirklich nichts Besseres zu bieten als Aufwachen und Schule …

Ich will zurück auf die Bühne, aber es klappt einfach nicht. Jetzt bin ich wach und muss auf ein weiteres Ständchen mit meiner Lieblingssängerin verzichten.

#KatyPerryIstPhänomenal ♡ ♫

»Wir haben verschlafen!«, ruft meine Mutter über die Schulter, während sie eilig in die Küche läuft. Ich versuche, mir den Schlaf aus den Augen zu reiben, und schleppe mich ins Bad.

Beim Zähneputzen klingt in meinem Kopf noch die Musik nach, und ich summe und wippe nach dem Rhythmus des Songs hin und her. Aus schmalen Schlitzen schaue ich in den Spiegel. Meine Augen wirken braun, obwohl sie dunkelgrün sind. Das ist immer so, wenn ich noch müde bin und die Augen nicht richtig aufkriege. Dann sind sie alles andere als groß und mandelförmig wie sonst. Und meine rotblonden Haare haben heute nichts mit einem Sonnenaufgang zu tun, wie mein Großvater gerne sagt. Sie sehen fahl und matt aus.

»Hör auf zu zappeln und beeil dich!«, ruft meine Mum im Vorbeilaufen.

»Mmmm! Mhhhm mmm mmhh!«, rufe ich mit zahnpastavollem Mund zurück. Das soll »Jaaaa! Mach ich doch!« heißen. Aber das ist egal. Weil ich fast fertig bin. Zum Glück ist meine Frisur unkompliziert. Sie ist kurz und, na ja, eher WILD. Ich gehe nämlich nicht so gern zum Friseur und schneide meinen Pony meistens selbst. Nur ein bisschen Gel und etwas durchwuscheln – das war's.

Zum Frühstücken ist keine Zeit mehr, deswegen bekomme ich noch ein Pausenbrot zusätzlich. Mila, meine kleine Schwester, und Luka, mein großer Bruder, sitzen schon im Auto. Er und ich werden heute ein Stück Richtung Kindergarten mitfahren. Sonst kommen wir wirklich zu spät.

Mila ist drei, und weil sie in letzter Zeit oft krank war, trägt sie auch heute ihr Lieblingshalstuch mit dem bunten Eulenmuster. Ihre blonden Löckchen kringeln sich um ein rosafarbenes Wollhaarband, das Milas Ohren schützen soll. Obwohl es tagsüber schon fast so warm wie im Sommer ist. Luka ist fünfzehn und schläft mit offenen Augen. Er murmelt träge »Guten Morgen«, als ich und Mum einsteigen. Seine Haare sehen heute wieder nach einer wilden gerade-aus-dem-Bett Frisur aus. Sein überlanger schräger Pony, hinter dem er sich sonst immer versteckt, steht ab und gibt den Blick auf seine verschlafenen Augen frei.

Luka sitzt natürlich auf dem Beifahrersitz. Ich beschließe, nicht zu meckern, obwohl ich es total gemein finde, dass er wegen seiner langen Beine immer vorne sitzen darf. Okay, er ist im letzten Jahr vielleicht zehn Zentimeter gewachsen, aber muss er auch noch den Sitz so weit nach hinten schieben, dass ich auf der Rückbank breitbeinig sitzen muss? Und Mum will, dass Mila unbedingt hinter ihr sitzt, damit sie sie über den Rückspiegel im Auge hat. Dabei hätte ich hinter meiner Mutter viel mehr Platz. Sie ist nämlich genauso groß wie ich: 1,57 Meter.

Einen Augenblick denke ich, dass ich immer diejenige bin, die zurückstecken muss, und bin eingeschnappt. Als würde ich nicht zählen. Und ausgerechnet jetzt sticht es mir wieder ins Auge: Mila und Luka sind meiner Mutter wie aus dem Gesicht geschnitten. Die Ähnlichkeit zwischen den dreien ist nicht zu übersehen! Ich gleiche – bis auf die kleine Zahnlücke zwischen meinen oberen Vorderzähnen – eher meinem Vater. Aber das tut nichts zur Sache, weil er nicht da ist. Außerdem waren wir, also er und ich, irgendwie noch nie ein Team. Auch

nicht, als er noch bei uns gewohnt hat. Er war eigentlich nie da. Immer auf Geschäftsreise. Bis er auf einmal gar nicht mehr kommen wollte.

Seit mein Vater ausgezogen ist, hat meine Mum sich total verändert. Obwohl sie sich auch vorher meistens allein um uns gekümmert hat, war sie damals nicht so übertrieben besorgt um uns, sondern VIEL entspannter. Das merkt man auch an ihrer Frisur, finde ich. Okay, das klingt vielleicht komisch, aber früher hat sie ihre milchkaffeebraunen Haare öfter mal offen getragen. Und das sah richtig gut aus. Aber seit einer Ewigkeit macht sie sich jeden Tag einen Pferdeschwanz, den sie immer ganz weit oben am Hinterkopf zusammenbindet. Keine Strähne verirrt sich mal in ihre Stirn. Genauso ist sie selbst fast nie locker. Manchmal gibt sie das auch zu. Sie sagt, dass sie sich jetzt noch mehr um uns sorgt, weil sie die Verantwortung für uns ganz allein trägt.

Was ich aber nicht kapiere, ist, warum ich deswegen keinen YouTube-Channel haben darf. Ja, das ist total doof, aber leider wahr. Es ist nämlich so: Eigentlich will ich ja gar kein

Popstar werden, so wie in meinem Traum eben. Designerin schon. Nur muss ich dafür erst mal viel besser im Nähen werden. Ein bisschen kann ich es ja. Na gut, vielleicht etwas mehr als das. Die meisten Sachen, die ich genäht habe, ziehe ich sogar an.

Und in einem eigenen YouTube-Kanal könnte ich dann alles zeigen, was ich bisher entworfen habe! Bestimmt würden mir Leute folgen, die wirklich Ahnung von Modedesign haben und die mögen, was ich so entwerfe. Ein Konzept habe ich auch schon: Ein ganzes Matheheft hab ich damit vollgekritzelt.

Aber Mama ist total dagegen, weil ich erst 12¾ bin. Ob ich mit 13 YouTuber werden darf, weiß ich nicht. Ich weiß aber, wie mein Kanal heißen könnte, nämlich GRETA-LIKE, GRETAsWORLD oder THIS IS GMM (Greta Meiermüller). Entschieden habe ich mich noch nicht.

Jedenfalls hab ich mir schon aufgeschrieben, was ich so in den Näh-Tutorials zeigen würde. Was ich sagen könnte. Was ich meine Abonnenten fragen würde. Ein paar Videos habe ich schon beim Nähen gedreht. Leider sind die noch nicht wirklich perfekt. Weil ich nämlich ein Problem habe. Ein echtes Problem! Wenn ich die Kamera anmache, passiert es. Zuerst bekomme ich Schluckauf. Wenn der irgendwann aufhört, fange ich an zu stottern. Echt wahr! Und dann verspreche ich mich auch noch ständig. Na ja … ich weiß zwar noch nicht, wie, aber irgendwann werde ich das schon hinbekommen. Bis dahin habe ich mir etwas ausgedacht: Die

Strategie ist, dass nur meine Hände zu sehen sind, während ich Schritt für Schritt zeige, wie ich meine Entwürfe nähe.

Und wenn ich dann vielleicht mal so ein paar tausend Abonnenten habe, dann wäre ich ja schon ein bisschen berühmt. Viel schneller würde das gehen, wenn ich bei einer Newcomer-Challenge gewinnen würde. Da machen YouTube-Anfänger aus allen möglichen Bereichen mit. Und die interessantesten und kreativsten Ideen gewinnen tolle Preise und man ist plötzlich ein überall bekannter Video-Blogstar! Oh Mann! Der nächste Termin ist schon im Juli, aber ich habe ja noch nicht mal einen Kanal.

Mimi, meine beste Freundin, sagt, sie würde meinem VLog als Erste folgen. Allerdings ist Nähen gar nicht so ihr Ding. Sie sagt »Cool!« oder »Nice!«, und wenn es ihr mal nicht so gefällt, »Na ja, also …«.

Ich kenne aber jemanden, der richtig viel Ahnung vom Nähen hat und mir alles beibringt. Der mir Tricks zeigt und wie man Maß nimmt. Mir sagt, wie die vielen Stoffarten heißen. Und wenn meine Nähmaschine streikt, dann weiß nur er, wie man sie repariert. Er sagt »Genial!«, »Extravagant!« und »Raffiniert!«, wenn er meine Ideen mag. Und er sagt: »Auftrennen und neu nähen!«, wenn etwas nicht gelungen ist.

Sein größtes Lob ist es, wenn er sagt: »Enkeling, du kommst nach mir!« (So nennt er mich immer. Das ist ein Extra-Wort aus *Enkel* und *Lehrling,* nur für mich!)

Ja, es ist mein Großvater. Er war früher mal Schneider. Ein richtig guter sogar! Er hat fürs Theater gearbeitet und dort so POMPÖSE (auch so ein tolles Opa-Wort), also richtige

Kostüme genäht. Ich meine so alte, historische Gewänder. Die sahen voll echt aus, wie solche, die im Museum hängen.

Heute näht er kaum noch, weil seine Augen nicht mehr so gut sind.

Ich nenne ihn manchmal auch Groß-Papa, nicht nur, weil er groß ist, sondern auch, weil er mich unterstützt, wo er kann - wie ein richtiger Vater das auch tun würde.

Mein Opa ist der Beste.

Und deswegen muss ich erzählen, was gestern passiert ist. *#FantastischsterOpaDerWelt* ✂ 👗 ♡

»Ja genau, Greta Meiermüller, das ist meine Tochter«, hat meine Mutter zu dem Paketboten an der Haustür gesagt. Da hat mein Herz aber einen Satz gemacht! Wenn das Paket für MICH war, konnte es natürlich nur von einem einzigen Menschen auf dieser Welt sein. Und so war es auch! Es war von Opa! YAY!

Er hatte mir eine kurze Nachricht dazu geschrieben:

»Enkeling, habe mein altes Atelier aufgeräumt. Das ist nur eine Kostprobe. Beeil dich, habe schon den Sperrmüll bestellt!! Es wird dringend Zeit, dass du kommst!

Dein Opa«

»Ooooooh!«, rief meine Mutter. Das klang entzückt und gerührt zugleich. Sofort sind ihr Tränen in die Augen geschossen. Mama ist manchmal echt 'ne Heulsuse.

Ich tauchte meine Hände in das Paket. Stoffe, so viele GLAMOURÖSE (Opa!) Stoffe waren darin. WOW! Ich fing gleich an zu träumen. Dieses Knistern und Rascheln. Und wie sich das anfühlte! Ich zog einen Stoff nach dem anderen raus, bald lagen sie ausgebreitet überall, auf der Couch, auf dem Tisch, auf den Stühlen.

Diese Stoffe waren ganz anders, viel edler als meine bunten Baumwoll-, Polyester- und Viskosestoffe.

Sofort schlichen sich Bilder in meinen Kopf. Bilder von RAFFINIERTEN Kleidern und UMWERFENDEN Oberteilen.

Der Chiffonstoff da in Sonnengelb würde prima für ein luftiges Trägerkleid passen, das ich erst neulich entworfen hatte. Ich wickelte das Tuch ungefähr so um meinen Körper, wie ich meine Zeichnung noch in Erinnerung hatte. Das sah so wunderschön aus!

In dem Moment vermisste ich Opa so richtig schlimm. Weil Mila ja in letzter Zeit oft krank gewesen war, hatte meine Mum den Besuch bei ihm immer wieder verschoben. Seit meine Oma vor einem Jahr gestorben ist, besuchen wir Opa eigentlich regelmäßig. Mindestens einmal im Monat. Er wohnt auf dem Land. Eine Autostunde entfernt. Mama hat immer ein schlechtes Gewissen, dass sie sich nicht genug um ihn kümmert.

Und was hieß eigentlich Sperrmüll bestellt? Ich hab auf einmal richtig Panik bekommen. Wer weiß, welche Schätze er entdeckt hatte, die demnächst auf dem Müll landen würden?

»Greta!«, sagte meine Mutter plötzlich. »Wenn du magst, fahren wir übermorgen gleich nach der Schule mal raus, ja?«

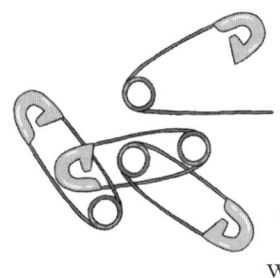

»WAS?! Wirklich, Mama?« Vor Freude hab ich mich fast an meiner Spucke verschluckt.

»Während ich mich um das Haus kümmere und Besorgungen mache, könnt ihr beiden Schneider euch ja eurem Nähkram widmen.«

»Und Mila?«, fragte ich. Ich wollte schließlich Opa für mich und mich nicht wieder die ganze Zeit um meine Schwester kümmern müssen: VERSTECKEN SPIELEN, FANGEN SPIELEN, EINKAUFEN SPIELEN … während wieder nur Mama mit Opa reden würde und wir fast gar keine Zeit füreinander haben würden.

»Keine Sorge«, sagte meine Mutter. »Luka kommt doch übermorgen früher von der Schule.«

»Und wenn er wieder nicht mitfahren will?«

»Dann muss er eben mit Mila hierbleiben!«

YAY! Opas Brief hatte Mama wohl gezeigt, dass er und ich wirklich dringend mal wieder Zeit für uns brauchten. Ich sage ja, mein Opa ist perfekt! »Danke, Mama!« Sofort hab ich die Schatzkiste gepackt und bin damit auf mein Zimmer geflitzt. Wo war nur mein Handy? Das musste ich sofort Mimi erzählen.

»Taft, Organza, Tüll und Chiffon!«, jauchzte ich in mein Telefon.

»Was ist los? Tütü, tata!«, motzte Mimi. »Ich verstehe kein Wort! Was soll das sein?«

»Na, Stoff!«

»Stoff?!« Mimi klang irgendwie enttäuscht. »Stoff!«, sagte sie noch mal, als wollte sie sichergehen, dass sie sich nicht verhört hatte. »Und da freust du dich, als hättest du 1000 Euro zum Shoppen bekommen?«

»Hä, shoppen?! Also wirklich, Mimi. Das kannst du doch nicht vergleichen!«

»Wieso?«, sagte Mimi. »Du hast jetzt schließlich nur Stoffe, die Klamotten musst du ja erst mal noch alle nähen! Da gehe ich doch lieber schnell ins Kaufhaus.«

OH MANN! Mimi findet es viel praktischer, Klamotten kaufen zu gehen, als selbst welche zu nähen. Okay, das stimmt ja vielleicht manchmal. Aber wenn ich erst mit diesen Stoffen fertig bin und meine Entwürfe genäht habe, dann wird jedes einzelne Stück mindestens 1000 Euro wert sein. Na ja, vielleicht auch 100. Aber es werden Einzelstücke sein! Klamotten, die ich mir selbst ausgedacht habe und die man nirgendwo sonst bekommen kann. Meine eigene Fashion-Kollektion! MEIN TRAUM. Das kann man doch nicht mit Sachen vergleichen, die man bei irgendeiner doofen Klamotten-Kette kaufen kann?!

Aber gestern hatte ich keine Lust, am Telefon darüber zu diskutieren. Lieber habe ich danach gleich meinen Opa angerufen, um mich zu bedanken. Dabei hab ich ihm natürlich auch gleich erzählt, dass wir morgen kommen. Opa hat sich sehr gefreut. Ich hab es am Ton seiner Stimme gemerkt, so wie er »Das ist gut, Enkeling!« gesagt hat.

Mit Mimi werde ich heute in der Schule noch mal über das Thema reden. Ich hab extra für sie Fotos von meinen neuen Stoffen gemacht. Damit sie sehen kann, dass die TOTAL besonders sind.

Ich, wie ich will

»Guck mal …« Kicher, kicher.

»Wo sie das wieder herhat …!«

»Von GSMC natürlich: Greta's self-made clothes!« Hahaha!

»Die sollte lieber mal deinen *Cat-Talk* abonnieren, als immer diese bunten Lumpen zusammenzunähen.«

OH MANN. Chiara nervt total. Sie und ihr Gefolge lästern mal wieder lautstark über mich. Und ich muss gleich an ihnen vorbeigehen. Ich halte die Luft an und tue so, als würde ich sie nicht hören. Wo ist nur Mimi?

#MimiIchBraucheDich 😖

Der Weg bis zum Bio-Raum zieht sich. Er befindet sich ganz am Ende von dem langen Gang im Trakt III. Hoffentlich ist die Pause bald um. Ich gehe betont langsam, sonst denken die noch, ich hätte Angst vor ihnen. Es ist ganz schön schwer, cool zu tun, wenn man innerlich eigentlich megawütend ist.

Auf ihre »Erfindung« *GSMC* ist Chiara besonders stolz. Sie spricht das immer englisch aus: »Dji Äss Ämm Si.« (Eigentlich klingt das ja gar nicht schlecht, aber es nervt mich trotzdem total.) Und das Gelächter ihrer schleimenden Anhängerinnen hasse ich ganz besonders.

Chiara ist der Star unserer Klasse. Sie hat einen eigenen

YouTube-Kanal, den *Cat-Talk* (wegen CAT und WALK – oh Mannomann! Was für ein tolles Wortspiel! Haha!). Es geht darin um Fashion und sie kommt sich vor wie eine YT-Queen. Für den Vorspann hat Chiara sich wie eine Katze geschminkt. Sie flirtet total bescheuert mit der Kamera, kommt immer näher heran und formt mit ihren Zeigefingern und Daumen ein Herz. Ganz oft trägt sie auch Katzenohren.

Ständig holt sie sich neue Klamotten und präsentiert sie jede Woche ihren Abonnenten: »HalloOoOo, meine Lieben! Da bin ich wieder, eure Catty!« (So nennt sie sich in ihrem Video-Blog.) Um die Klamotten geht es ihr nicht mal, ich glaube, sie weiß bestimmt nicht, wie man manche Kleidungsstücke nennt. Lieber erzählt sie, mit wem sie das letzte Mal shoppen war und über was sie so geredet haben. Das klingt dann ungefähr so:

»Also, ich hab das Teil im Laden gesehen, und dann ich so: Oh mein Gott, oh mein Gott! Das muss ich haben! Und dann hat es auch Anna gesehen und sie dann sofort so: Oh mein Gott, oh mein Gott! Kauf es dir!«

Dann kombiniert sie die Sachen immer wieder neu. Und das ist das Einzige, was an dem VLog kreativ ist: Rosa Hoodie mit schwarzen Leggings, schwarzer Tasche und rosa Sneakern. Danach rosa Hoodie über ein weißes Kleid, mit weißer Tasche und weißen Slippern. Und schließlich rosa Hoodie über Jeans-Shorts mit rosa Accessoires. Damit hat

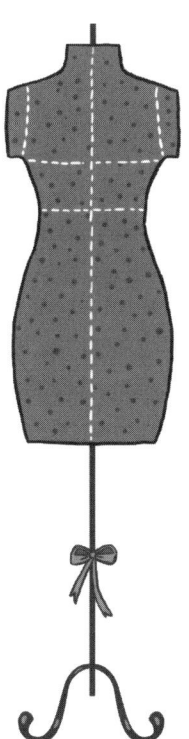

sie sich schon letztes Jahr bei der Newcomer-Challenge beworben. Echt wahr! Und dann hat sie überall erzählt, dass sie nur knapp verloren hätte. Und sie will dieses Jahr wieder mitmachen! Aber diese blöde Angeberei scheint niemanden zu stören. Fast die ganze Schule folgt ihr. Sogar die meisten Jungs. Ich aber nicht mehr. Seit sie dauernd so über mich lästert, habe ich sie einfach entfolgt.

Chiara hat mir gleich wieder eine Einladung geschickt. Mich wundert, wie sie das bei über 2.500 Abonnenten überhaupt bemerkt hat, dass ich ihr nicht mehr folge.

Und dabei behandelt sie mich doch so mies und redet kaum ein Wort mit mir! Stattdessen hetzt sie immer wieder die ganze Klasse gegen mich auf! Da folge ich ihr doch ganz bestimmt nicht mehr!

Jetzt kommen ein paar Mädchen aus den jüngeren Jahrgängen angelaufen und umzingeln Chiara und ihren Clan wie fast in jeder Pause.

»Catty, Catty! Dein letztes Video war so cool!«, ruft ein Mädchen mit genau solchen Katzenohren, wie Chiara sie in den Videos trägt.

»Unterschreibst du mir auf meine Tasche?«, fragt eine andere. »Guck mal, es ist die gleiche, die du neulich gezeigt hast!«

Ich bin jetzt erst mal uninteressant, obwohl ich nur noch wenige Schritte von ihnen entfernt bin. Chiara lächelt plötzlich genauso starlike wie in ihren Videos. Das Metall ihrer Zahnspange blitzt im Sonnenschein, der von einem der Dachfenster herunterstrahlt. »Halt mal kurz.« Einer ihrer Schatten muss ihre Sachen halten. Ein anderer reicht ihr einen Edding. Das Mädchen hält ihre Tasche auf Schreibhöhe hoch, damit Chiara bequem ihren Namen darauf kritzeln kann. Sie wirft zuerst ihre lange blonde Wellenmähne über die Schulter und schreibt schnell wie ein Profi.

»Ich will auch!«, bettelt das Mädchen mit den Katzenohren.

Bereitwillig schreibt Chiara auf ein Heft, das das Mädchen ihr hinhält.

»Kennst du jetzt die Lochis oder immer noch nicht?«, ruft ein Junge, der gerade vorbeikommt.

Chiara grinst geheimnisvoll. »Verrate ich im nächsten Video!«

Plötzlich sind alle ganz aufgeregt. Aber Chiara will nichts mehr ausplaudern. »Okay, ihr Süßen. Ich muss jetzt in Bio«, sagt sie und beendet die Autogrammstunde. Dann wollen alle noch schnell ein Selfie mit ihr machen. KLICK! KLICK!

»Du bist so lieb, Catty!« – »Danke! Du siehst so schön aus!« – »Ich liebe deine Videos!«, quaken sie durcheinander und laufen quietschend vor Glück wieder weg.

»Und vergesst nicht, das nächste Mal wieder einzuschalten. Ich freue mich auf eure Kommis«, ruft Chiara ihnen hinterher.

MIMI! Da ist sie ja! Endlich. Sie kommt mir vom anderen Ende des Ganges mit schnellen Schritten entgegen, obwohl sie auch dort vor dem Bio-Raum auf mich warten könnte. Und sie strahlt wieder so! Stimmt, jetzt fällt es mir ein. Mimi kommt donnerstags immer eine Stunde später. Sie muss zum Osteopathen, weil sie eine Skoliose hat. Das ist, wenn die Wirbelsäule nicht gerade wächst, sondern verbogen ist. Bei Mimi macht sie oben einen kleinen Bogen nach

rechts. Zum Glück fällt das nicht so auf. Nur ein bisschen, wenn man es weiß, und bei einigen Bewegungen, wenn sie tanzt. Sie muss regelmäßig Übungen machen und zur Kontrolle. Und sie muss viel schwimmen, damit ihre Rückenmuskeln stark bleiben. Die können dann nämlich verhindern, dass sich die Wirbelsäule weiter verbiegt.

Außerdem tanzt Mimi ganz viel. Sie hat eine Weile sogar eigene Choreos auf MusicaL.Ly hochgeladen. Das alles ist zwar anstrengend und sie hat daher auch oft keine Zeit, aber Mimi sagt immer: »Lieber mehr Sport und dafür kein Korsett!« Deswegen ist Mimi sehr sportlich, was man von mir nicht behaupten kann.

»Hey!« Mit einem Satz steht sie neben mir. »Alles klar?«, fragt sie mit einem Blick in Richtung Chiara-Clique.

»Ja, ja.« Ich winke ab, obwohl Chiara und Co. schon wieder tuscheln und lachen. Alles andere ist jetzt wichtiger als diese miese, grässliche Zickenbande. »Ich freue mich schon so auf morgen!«, sage ich. »Gleich nach der Schule fahren wir zu meinem Opa!«

Mimi lässt sich aber nicht so leicht ablenken. »Haben die wieder etwas gesagt?«

Ich nicke.

Mimi weiß sofort Bescheid. »Lieber GSMC als 08/15-Klamotten von einer Trash-Kette, die jeder Hirni trägt!«, wirft sie lautstark Richtung Chiara und Gefolge. PENG! Das hat gesessen. Mimi und ich gehen zusammen zum Bio-Raum, ohne uns umzudrehen. Das war zwar etwas gemein, dafür ist Schluss mit dem Gelächter. Zumindest für den Moment.

Einmal, als ich richtig wütend war, habe ich gesagt: »Schon mal in den Spiegel geschaut? Ihr seht alle aus wie Chiara-Klone!« Und ein andermal: »Passt auf, dass ihr nicht auf eurem Schleim ausrutscht.« Mimi hat laut gelacht, als ich ihr davon erzählt habe. Aber leider sind das Ausnahmen. Meistens sage ich nämlich nichts. WOZU AUCH? Es bringt ja nichts.

»Mach dir nichts draus. Die sind einfach nur total bescheuert«, sagt Mimi und lässt ihre Schultasche neben ihren Platz fallen. Und dann will sie wissen, ob ich inzwischen schon Näheres darüber weiß, was mir mein Opa geben will.

»Nee, leider nicht. Ich bin schon sooo aufgeregt!«, sage ich. Gerade als ich ihr erzählen will, was ich mir so vorstelle, läutet es auch schon. Mimi kramt in ihrer Schultasche nach den Bio-Sachen, während ich meine Tasche ächzend auf den Tisch wuchte, weil sie so schwer ist.

»Na, wie weit bist du damit?«

ZACK, voll erwischt. SCHLUCK!

»Ach, Mimiiiiii!« Wie peinlich! »Du weißt doch, dass ich so wenig Zeit habe. Aber ich hab's nicht vergessen, ehrlich!«

Okay, da muss ich jetzt wohl etwas erklären. ALSO:

Mimi findet, dass mir meine Klamotten stehen, obwohl das meiste nicht so wirklich ihr Geschmack ist, glaube ich. Manche Sachen findet sie aber auch richtig gut. Zum Beispiel meine Schultasche, die ich selbst genäht habe. Es ist eigentlich eine Shopping-Tasche aus eisblauem Cordstoff mit gelben Plüsch-APPLIKATIONEN (Opa-Wort!). Ich benutze sie aber jetzt für meine Schulsachen.*

* Zur Anleitung auf Seite 162.

Mimi wollte direkt auch eine haben, und ich habe versprochen, ihr eine zu machen. Das habe ich aber leider noch nicht geschafft. Erst mal muss ich einen alten Rock finden (aus so einem habe ich meine Tasche nämlich genäht) oder Stoff holen gehen (vielleicht ist ja jetzt bei Opa was Passendes dabei?). Und dann habe ich nachmittags nie Zeit: Hausaufgaben, mich um Mila kümmern (wenn Mama mal nicht da ist), Geschirrspüler ausräumen oder aufräumen usw. Zwischendrin versuche ich dann auch mal, etwas Neues zu entwerfen. Mama ist eben manchmal ziemlich überfordert, und Luka und ich müssen regelmäßig mit anpacken.

Mimi zieht mich immer damit auf, weil es schon Wochen her ist, seit ich es ihr versprochen habe. Aber was sie nicht weiß: Sie wird eine selbst gemachte Tasche zu ihrem Geburtstag bekommen. Das habe ich mir fest vorgenommen!

Dass Mimi gerade wieder nach der Tasche gefragt hat, hatte aber bestimmt einen anderen Grund als sonst. Ich kenne Mimi gut. Sie wollte mich nicht aufziehen. Sie wollte mich aufbauen, weil Chiara und Co. wieder mal so fies zu mir waren.

Wenn Mimi meine Sachen mal nicht so mag, bin ich ihr auch gar nicht böse. Sie hat wenigstens eine eigene Meinung und macht ihr Ding.

Irgendwie ist es doch wirklich bescheuert, wenn alle nur einer Person (CHIARA zum Beispiel) hinterherlaufen und sich gar nicht trauen, auch mal etwas von ihr nicht gut zu finden. Oder wenn sie alles, was anders ist, schlechtmachen. Anna, Julie und der Rest der Chiara-Anhänger haben seit Anfang des Schuljahres (da ist Chiara zu uns in die Klasse gekommen) nicht einmal etwas anderes angezogen als das, was Chiara in ihrem Video-Blog gezeigt hat. Woher ich das weiß?

Also:

Am Anfang, als sie noch neu war, wollte Chiara nämlich, dass ich zu ihrer Clique gehöre. Ich kann mir bis heute nicht erklären, warum. Ich ziehe mich schon seit der 5. Klasse so an wie heute – so, wie es MIR gefällt! Und das sind nicht unbedingt Sachen, die gerade IN sein müssen. Es sind Sachen, die ich entworfen und genäht habe. Manchmal nähe ich Klamotten auch mal um, mache aus einem großen T-Shirt einen Rock oder umgekehrt. Oder ich ändere alte Sachen von meiner Mum.

Und die Stoffe, die Farben und Muster – na ja, die sind schon etwas auffälliger. Zum Beispiel so was wie der Rock, den ich heute trage: Karottenorange, Blutrot und Smaragdgrün. Meine Lieblingsfarben. Das Muster besteht aus Kreisen, die aussehen wie übereinander geschobene Donuts. Außerdem ist es ein kurzer Lagenrock. Das heißt, darunter sind noch drei Schichten aus Tüll. Immer eine in einer Farbe von dem Muster. Die Lagen gucken stufenweise unten raus. Und an den Rändern habe ich noch bunte Spitzen angenäht.

Es sieht zwar richtig kompliziert aus, aber eigentlich war es ganz leicht: Ich musste nur den gleichen Rock in unterschiedlichen Längen vorbereiten, sie dann alle aufeinanderlegen und am Ende oben im Bund zusammennähen.*

OKAY, wenn ich schon dabei bin, meinen Look zu beschreiben: Zum Rock trage ich sonnengelbe Sommerleggings und obenrum ein sonnengelbes T-Shirt in der gleichen Farbe. Diese beiden Sachen habe ich aber nicht selbst gemacht. Die

* Zur Anleitung auf Seite 165.

grüne Häkelmütze auf meinem Kopf schon. Ich mag meinen Look. Er ist ausgefallen und wirklich einzigartig. FRAPPANT, wie Opa immer sagt. Und es ist mir VÖLLIG schnurz, wie das Chiara, ihre Klonschatten und sonst wer finden.

Damals also, als ich noch nicht wusste, wie Chiara ist, habe ich versucht, mich mit ihr anzufreunden. Natürlich hat es nicht lange gedauert, bis mir klar war, dass es in Chiaras Cat-Talk-Club nur um ihren Geschmack geht.

Als ich keine Lust auf ihre langweiligen Ideen hatte, hat sie angefangen, meinen Stil ins Lächerliche zu ziehen.

Aber eins muss ich zugeben. Okay, es sind zwei Sachen.

ERSTENS: Chiara kennt sich mit YouTube echt gut aus. Sie hat pro Video mindestens 500 Aufrufe. Ich glaube, sie ist die Einzige von unserer Schule, oder zumindest aus unserem Jahrgang, die einen eigenen Channel hat. (Außer Mimi mit ihrem Lip-Sync-Kanal, aber der ist noch nicht so bekannt.) Und manchmal würde ich Chiara gerne ein paar Sachen zu ihrem VLog fragen.

ZWEITENS (das darf aber keiner wissen): Ich bin echt neidisch darauf, dass sie einen YT-Channel haben darf und ich nicht. Gut, Chiara ist mehr als ein ganzes Jahr älter als ich. Sie ist 14 und die Älteste in unserer Klasse.

ABER: Das gibt ihr noch lange nicht das Recht, alle herumzukommandieren oder allen ihren Geschmack aufzudrücken. Und schon gar nicht, sich über mich lustig zu machen!

»Greta!« Mimi holt mich aus meinen Gedanken. »Hey! Wir sollen die Hausaufgaben herausholen«, flüstert sie und rutscht dabei so weit auf ihrem Stuhl

nach vorne, dass es aussieht, als würde sie gleich unter dem Tisch verschwinden. »Hast du die gemacht?«

»Hä? Ach so, ja!«

»Ich nicht.« Mimi wird rot und sieht
aus wie jemand, der in echter Not steckt.

»Lass mich das mal machen!«, sage ich. Dabei weiß ich gar
nicht, was ich tun soll, wenn unsere Biolehrerin am Ende
ausgerechnet Mimi aufruft. Aber meine beste Freundin sieht
total hilflos aus. Da muss ich sie ja wohl irgendwie beruhigen.

Ich hoffe insgeheim, dass Frau Rodrian uns übersieht, denn
sie ist wirklich mit Abstand die strengste Lehrerin unserer
Schule. Wer sonst bestraft nur zwei fehlende Hausaufgaben
gleich mit einem Notenabzug im Zeugnis? Am liebsten
würde ich Mimi einen Schubs geben. So wie sie gerade auf
ihrem Stuhl herumrutscht, fällt sie total auf.

Bisher haben Emir und Cathy vorgelesen. Frau Rodrian
nimmt immer ungefähr drei oder vier Schüler dran. Sie fragt
nicht, wer vorlesen möchte oder so. Ihre Adleraugen scannen
die Reihen durch. Ich glaube, gerade sind sie an unserem
Tisch vorbeigezogen. Ich will erleichtert ausatmen, da keh-
ren die Blicke zurück.

»Mimi!«, sagt sie streng.

Mist!

Hab ich es doch gesagt, dass sie sich auffällig verhält! Ohne nachzudenken, schiebe ich Mimi schnell mein Heft zu.
Mimi reißt sich zum Glück im richtigen Moment zusammen und liest vor. Wie gut, dass sie meine Schmierschrift
entziffern kann.

Mimi liest sehr leise, aber unsere Biolehrerin ist zufrieden. Jetzt darf sie bloß nicht mich drannehmen. Ich kann ja schließlich nicht dasselbe vorlesen. Und so schnell kann ich mir keine neuen Sätze ausdenken.

Ich tue so, als würde ich über das nachdenken, was Mimi gerade vorgelesen hat. Dabei drehe ich meine Augen in Richtung Decke und dann gucke ich aus dem Fenster hinaus und tue so ganz abwesend. – Geklappt!

Frau Rodrian ist für heute zufrieden, sie will sich nun einem neuen Thema in unserem Biobuch widmen: Evolution. »Schlagt bitte Seite 56 auf«, sagt sie.

Ich und Mimi machen Mini-High-Five unter dem Tisch. Da meldet sich plötzlich Chiara. »Frau Rodrian?«

Was will die denn auf einmal? Ich drehe mich um, und als ich ihren Blick und ihr gemeines Grinsen sehe, weiß ich, was los ist: Sie sitzt zwei Reihen hinter uns und hat gesehen, wie ich Mimi geholfen habe!

»Frau Rodrian?«, wiederholt sie.

Ich starre sie an, damit sie kapiert, dass ich sie durchschaut habe. Aber Chiara grinst immer noch fies – sie scheint sich schon richtig auf Frau Rodrians Strafe für Mimi und mich zu freuen.

»Was ist denn, Chiara?« Unsere Biolehrerin ist genervt. Sie mag keine Zwischenfragen. Besonders nicht dann, wenn sie etwas Bestimmtes vorhat, zum Beispiel ein neues Thema beginnen.

»Ähm, wie?«, fragt Chiara abgelenkt, weil Julie plötzlich komische Gesten in ihre Richtung macht.

»Was du möchtest?«, raunzt unsere Biolehrerin ungeduldig.

Mir tun schon die Muskeln um die Augen weh vom Starren. Lange kann ich den Pass-bloß-auf-Blick auch nicht mehr aushalten. Außerdem sind mein Nacken und mein Rücken völlig verdreht und tun weh.

»Ach nichts!«, sagt Chiara plötzlich, während sie Julie einen grimmigen Blick zuwirft. Frau Rodrian seufzt und schüttelt den Kopf, bevor sie mit dem Unterricht weitermacht.

Trotzdem kann Chiara nicht aufhören. Die ganze Stunde kichert sie mit Anna herum und macht dauernd »Mimimimimi!«

Mimi und mir ist klar, dass sie damit nur ihre Niederlage herunterspielen will. Doch das kümmert uns nicht. Wir hören Frau Rodrian zu. Wirklich wahr!

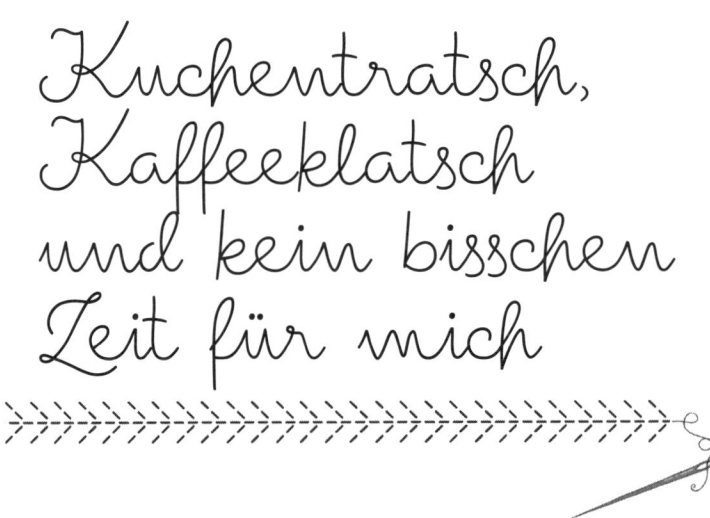

Kuchentratsch, Kaffeeklatsch und kein bisschen Zeit für mich

»Opaaaa!«

ENDLICH! Mein Groß-Papa verbeugt sich. »Wertes Fräulein, welche Ehre!«

Obwohl es mir total schwerfällt, nicht sofort um seinen Hals zu fallen, tue ich so, als hätte ich ein Prinzessinnenkleid an und mache einen ziemlich ungelenken Knicks: »Gnädiger Herr, ganz meinerseits!« Das ist nämlich unser Begrüßungsritual. Aber danach umarme ich Opa GANZ fest und drücke ihm einen fetten Kuss auf die Stirn. Da piekst es wenigstens nicht so. Wahrscheinlich sind ihm schon länger die Rasierklingen ausgegangen.

»Ohohoho!«, ruft Opa. »Enkeling, du wächst so schnell, bald wirst du mich auf den kahlen Schädel küssen!«

»Du hast doch gar keine Glatze, Opa!« Opas Haare sind, schon seit ich mich erinnern kann, nackenlang. Als ich noch klein war, durfte ich ihn immer frisieren. Dann musste er manchmal mit zwei kurzen abstehenden Zöpfen herumlaufen. Und er hat nie gemeckert oder sich irgendwie angestellt. Genauso, wenn ich seine Nägel rosa lackieren wollte.

Jetzt sehen seine graublonden Haare wieder mal so aus, als hätte er sie Wochen nicht gekämmt. Richtig zottelig, fast wie Dreadlocks.

Obwohl er für seine 71 Jahre eine richtige Mähne hat, behauptet Opa immer, dass es nicht mehr lange dauert, bis sie ihm ausfallen werden. Vielleicht kämmt er sie deswegen nicht? Ich würde das gerne wissen, aber ich traue mich nicht zu fragen. Plötzlich fällt mir ein, dass es vielleicht auch an Oma liegen könnte. Als sie noch da war, hatte er immer fein gekämmte Haare und glatt rasierte Wangen.

»Papa!«, sagt Mama und breitet die Arme aus, nachdem sie unser Ritual abgewartet und die Tür hinter sich geschlossen hat.

»Tochter!«, ruft Opa, und obwohl er eine kräftige Brummstimme hat, habe ich das Gefühl, dass sie etwas bebt.

Gerade als er Mama umarmt, klopft es an der Tür. HÄ? Wer kann das denn sein?

Mama zieht die Augenbrauen zusammen. Sie bewegt die Lippen, und auch wenn man nichts hört, weiß ich, dass sie »Wer ist das?« fragt.

Opa zuckt die Schultern und spitzt die Ohren in Richtung Tür.

»Johannes! Sind Sie da? Joo-haaa-neeees! Huhu!«

Whoa! Was ist denn das? Das hört sich an wie eine sprechende Trillerpfeife. Die Stimme dringt durch alle Schlitze und ich habe plötzlich Angst, dass mir meine Ohren abfallen

könnten. Opa duckt sich und legt seinen Zeigefinger auf die Lippen. Das sieht so komisch aus, dass ich statt meiner Ohren den Mund zuhalte, um nicht loszuprusten. Opa hat auf einmal ganz rote Backen und sieht aus, als wollte er sich verdünnisieren.

Jetzt bin ich echt neugierig darauf, wer das da draußen ist. Ich stelle mich auf die Zehenspitzen und will durch den Spion linsen, als ich wie von Geisterhand samt Tür in Richtung Wand geschoben werde.

Obwohl ich es sonst immer so cool finde, dass Opa seine Landhaustür tagsüber nie abschließt, nehme ich mir jetzt fest vor, ihn von einer einbruchsicheren Hochsicherheitstürkette zu überzeugen.

Der Grund dafür schiebt gerade einen megagroßen dampfenden Marmorkuchen durch die Tür.

»Hallöchen, Johannes«, trillert eine echt riesengroße Frau. »Sie sind ja doch da. Und Ihre Familie ist auch endlich gekommen. Ich freue mich so für Sie.« Die Frau singt fast, während sie spricht! Sie drängelt sich ins Haus und mustert dabei meine Mutter und mich vom Scheitel bis zur Sohle. »Ich wollte Ihnen eine kleine Aufmerksamkeit vorbeibringen.«

Ich habe noch nie eine SO große Frau gesehen. Hautnah, meine ich. Mein Opa ist ja ein großer Mann, aber sie ist MINDESTENS einen halben Kopf länger als er. Und meine Mama sieht neben ihr aus wie meine kleine Schwester Mila.

Über einem grün-gelb geblümten Sommerkleid trägt sie

einen kurzärmligen hellblauen Bolero mit Spitzeneinsatz. Ganz schön schrill! Ihre mächtigen Arme wackeln, als sie mit dem ECHT lecker duftenden Kuchen vor Opas Nase herumfuchtelt. Alles an ihr ist groß. Sie hat große grüne Augen und einen großen Mund. Die dicken Lippen hat sie mit einem orangefarbenen Lippenstift bemalt. Ihre welligen orangeblonden Haare hat sie zu einem lockeren Dutt zusammengebunden, aber um ihren ganzen Kopf herum recken sich Haarsträhnen in die Luft, als hätte sie unterwegs der Blitz getroffen. Auf dem Haarknäuel sitzt eine tellergroße blaue Stoffrose.

Mein Groß-Papa hat sich inzwischen eingekriegt und öffnet seinen Mund. Doch noch bevor er etwas sagen kann, sitzt die Dame schon an seinem großen alten Nussbaumesstisch.

»Ähm, a-aber bitte gern!«, murmelt Opa da nur noch etwas verdutzt.

Meine Mutter sieht von der Riesin zu Opa und dann wieder zu der Riesin. Groß-Papa scheint noch nicht so recht zu wissen, was er jetzt machen soll. Ich glaube, nein, ich bin mir SICHER, dass Mama die gleiche Frage im Kopf herumkreist wie mir. Wer zum Teufel ist das? Doch dann, als hätte sie eine Backpfeife bekommen, reißt Mama sich plötzlich zusammen. »Oh, das ist aber nett. Ich bin Iris. Und das ist Greta.«

»Das weiß ich doch! Angenehm«, sagt die Frau und strahlt dabei von Ohr zu Ohr. »Risa. Risa Grohs! Aber nennen Sie mich doch einfach Risa.«

Nee, ne? Ich kann mein Grinsen nicht unterdrücken. Alle schauen schweigend in die Runde. Keiner weiß, was er machen soll. Doch, eine schon. »Oh«, sagt Frau Grohs nämlich schnell und springt auf. »Wie unhöflich von mir!« Endlich

hat sie es kapiert, denke ich gerade noch, da sehe ich sie schon in Opas Sideboard kramen. »Wir brauchen ja Teller und Besteck. Johannes, sind Sie so nett und setzen einen Kaffee auf?«

Opas und meine Blicke treffen sich. »Was soll das?«, frage ich ihn mit den Augen. Mein Groß-Papa zuckt irgendwie hilflos und ganz unauffällig die Schultern, geht dann aber tatsächlich Kaffee machen.

Und dann beginnt ein »total gemütlicher« (haha!) Nachmittag mit Kuchentratsch und Kaffeeklatsch. Obwohl Mama erst nicht so erfreut gewirkt hat, scheint sie sich langsam in Anwesenheit von Risa immer wohler zu fühlen.

Opa sagt erst mal nicht viel. Aber das ist nicht ungewöhnlich bei ihm. Der Kuchen schmeckt ihm jedenfalls, zumindest langt er ordentlich zu. Und bald mischt er sich auch ins Gespräch ein, weil Frau Grohs, seine neue Nachbarin, total auf ihn abfährt. *Johannes hier, Johannes da!* Ich hoffe ECHT, dass da nichts läuft zwischen den beiden und ich diese Riesin NIEMALS Oma nennen muss.

ARRGHHH! Von dem Gedanken bekomme ich nacheinander einen Würgereiz, einen Schluckauf, einen Niesanfall und einen Schüttelfrost. OKAY, ich übertreibe. Aber zumindest fröstelt es mich auf einmal. Und ich bin erst wütend, dann enttäuscht, irritiert und traurig. Aber keiner bemerkt das. So habe ich mir meinen Opa-Tag nicht vorgestellt.

Ich seufze und hole mein Handy heraus. Normalerweise ist das hier der einzige Ort, wo mir das sonst nie einfallen würde.

Ich habe eine Nachricht von Mimi:

> Na, hast du schon deine Tütüs gekriegt?

Hah! Wenn sie wüsste. Ich schreibe ihr von Risa Grohs, und wie sie sich hier eingenistet hat.

> Mach doch was!

> Was denn?

> Keine Ahnung. Starre deinen Opa an. Blickkontakt.
> Zeig auf die Uhr. Telepathie. Irgend so was.

> OKAY. 👍

Ich versuche es, aber immer wenn Opa mich ansieht, dann sagt Risa irgendetwas zu ihm und lenkt ihn von mir ab. MENNO!

> Geht nicht. Die quatscht ständig mit ihm.

> Hm.

> Was, hm?

> Ich überlege!

Während sie überlegt, fällt mir meine To-do-Liste ein. Ich krame sie heraus und wedele damit herum. NIX. Es hilft absolut NIX.

> Bis jetzt sind zwei Stunden einfach so verplempert.
> Nur wegen dieser Frau!

Mimi scheint immer noch nachzudenken. Es kommt eine ganze Weile nichts. Und mir fällt auch nichts mehr ein. Endlich piepst es.

> Sag doch etwas.

> Genau! Ich sage jetzt Opa, dass die Riesin gehen soll, und dann jagt er sie fort.

> Haha! Das geht auch anders.

> Wie denn?

> Klüger.

>

> No problem.

Mimi ist gerade echt keine Hilfe. Was kann ICH denn sagen? Opa wird seinen Gast ganz bestimmt nicht rausschmeißen. Opa und unhöflich geht leider gar nicht zusammen.

Meine Laune sinkt immer weiter. Wir hatten so viel vor und gleich müssen wir bestimmt weg, ohne Opas Sachen erledigt zu haben. Und unseren gemeinsamen Nähkramtag will ich gar nicht erst erwähnen!

Mimi war jetzt auch schon seit 35 Minuten nicht mehr online. Opa setzt die zweite Kanne auf. Ich ergebe mich und schiebe einfach das dritte Stück Marmorkuchen auf meinen Teller (okay, ich muss es zugeben: Der ist verdammt lecker).

Auf einmal piepst es endlich wieder.

> Ich hab's!

Da bin ich mal gespannt.

> Tu so, als wäre dir schlecht.

Dafür hat Mimi so lange gebraucht? Hm, aber eigentlich ist die Idee ganz gut.

»Mama«, sage ich und versuche dabei zu ächzen. Natürlich nur ein bisschen, damit es nicht auffällt. Niemand hört mich. »MAMA!«

»Was ist denn, Greta?« Mama guckt überrascht auf. Sie ist völlig gebannt von Frau Grohs Schilderung über irgendeinen Diebstahl auf einem Kreuzfahrtschiff.

»Sie glauben ja gar nicht, wie mein Herz geklopft hat.« Risa erzählt einfach weiter und sie redet extra laut, damit Opa beim Kaffeemachen alles mitbekommt. »Plötzlich stürmten Polizisten auf das Deck. Irgendwann wurde mir schwarz vor Augen. Als ich dann wieder zu mir gekommen bin ...«

»Mir ist so schlecht«, jammere ich.

Mama zieht prüfend die Augenbrauen zusammen und legt ihre Hand auf meine Stirn. Dann blickt sie auf meinen Teller.

KORDEL

»Klar, du hast viel zu viel Kuchen gegessen. Lehne dich etwas zurück.«
Das ist alles!!

Opa kommt gerade mit dem Kaffee zurück. Er sieht mich fragend an. Ich blicke Hilfe suchend zurück. So gequält wie ich nur kann. Aber sein Gast streckt ihm die Tasse zum Eingießen hin. Und schon ist Opa wieder abgelenkt. Jetzt wo auch Mama sich wieder dem Gespräch zugewendet hat, beschließe ich aufzugeben und lehne mich wirklich zurück.

»Funktioniert nicht«, schreibe ich Mimi noch schnell und beschließe, mein letztes Video anzugucken und wenigstens davon zu träumen, dass ich das mal irgendwann auf meinem eigenen Kanal veröffentlichen darf. Das ist das Video, in dem ich zeige, wie ich meine Schultasche genäht habe. Ich stopfe mir die Kopfhörer in die Ohren und starte das Video:

▶ Hallohooo, herzlich willkommen! Hier bin ich wieder: Greta Meiermüller. Schön, dass du wieder eingeschaltet hast. Ich zeige dir heute, wie du aus einem alten Rock eine coole Shoppingtasche zaubern kannst. Ich benutze sie inzwischen auch als Schultasche.*

Okay, blöd ist, dass man mich nicht sieht. Das heißt, schon, ganz am Anfang, aber nur mein Foto. Danach sind meine Hände zu sehen. Ich zeige Schritt für Schritt, wie die Tasche hergestellt wird. Dabei erkläre ich aus dem Off, was ich tue. Meine Stimme klingt nicht schlecht, finde ich. Habe ja auch ein echt gutes Mikro. Mein Handy habe ich auf ein Stativ geklemmt. So verwackelt das Bild bei der Aufnahme nicht.

*Zur Anleitung auf Seite 162.

▶ »Das war's für heute. Und wenn es dir gefallen hat, dann gib mir bitte einen Daumen hoch. Außerdem freue ich mich schon sehr auf deine Kommentare. Und schick mir auch Fotos von deiner selbst gemachten Tasche. Dankeschön fürs Zuschauen! Ciao! Bye! Ich wünsche dir einen schönen Tag.«

Okay. Das Ende könnte etwas knackiger sein. Aber sonst bin ich eigentlich ziemlich zufrieden. Vielleicht bräuchte ich noch ein Intro oder so was wie ein Markenzeichen, das ich immer am Anfang zeige. Damit alle Abonnenten wissen, wo sie gerade sind. Bei so vielen VLogs ist das schon wichtig.

Ein paar Klicks und dieses Video könnten so viele andere auch sehen. Ach Mann! Mama! Sie ist so gemein. Sie kapiert einfach nicht, dass das ein so großer Wunsch von mir ist.

Ich stelle mir den Tag vor, an dem ich das Video hochlade und die Likes zähle … Eins, drei, fünf, zwanzig, fünfundzwanzig, hundertdreizehn …

PAMM!

Opa hat auf den Tisch gehauen. Leider eindeutig zu früh. Er hätte ruhig mal den 20.000ten Like abwarten können! Nein, Spaß! Ich glaube, er hat meinen Hilferuf eben doch mitbekommen.

»So!«, sagt er entschlossen. »Wir müssen noch einiges erledigen, nicht wahr, Iris?«

»Oh!« Meine Mutter erschrickt. »So spät schon?«

Ich nicke eindringlich. Die Gelegenheit darf ich mir nicht entgehen lassen!

»Ich kann jetzt leider nur noch schnell für dich einkaufen fahren, Papa«, sagt Mum.

YAY! Das war er. Der Moment. Opa ist der Beste! Obwohl … das heißt noch GAR NICHTS. Wenn Frau Nachbarin jetzt nicht bald mal geht, ist der Tag trotzdem komplett FUTSCH.

»Aber Iris!«, sagt Frau Grohs. »Das ist doch gar kein Problem …«

AUWEIA! Plötzlich springe ich auf, als hätte mich eine Tarantel in den Po gebissen. »OPA!«, presche ich hervor. »Und wir, wir beide wollten doch noch …«, sage ich. Dabei schäme ich mich, dass ich wie eine Heulsuse klinge.

Mein Groß-Papa nickt mir beruhigend zu.

Frau Grohs lässt sich aber nicht von uns beirren. »Sie müssen sich nicht beeilen. Wenn Sie mögen, kann ich morgen den Einkauf für Johannes übernehmen. Und wir genießen jetzt einfach die gemeinsame Zeit.«

Hat sie etwa gerade WIR gesagt? Das GLAUBE ich nicht!

Meine Mutter guckt ziemlich hilflos zu Opa, und ich presse meine Zähne und sämtliche Gesichtsmuskeln zusammen. NEIN, NEIN, BITTE SAGT NEIN.

Und tatsächlich: »Nein«, sagt mein Opa und ich denke, dass ich vielleicht doch telepathische Kräfte habe. »Das ist wirklich nicht nötig, Risa.«

»Ich bitte Sie, Johannes«, sagt Frau Grohs. »Ich möchte mich gerne revanchieren.«

REWASCH WAS? Das hört sich an wie das, was mein Vater früher immer mit der Weihnachtsgans gemacht hat.

»Das ist doch nicht nötig«, sagt mein Groß-Papa darauf.

»Aber keineswegs, selbstverständlich! Was Sie alles für mich getan haben!«, sagt Frau Grohs.

OH, OH!, denke ich. Was muss das
sein, was Opa für diese Frau getan hat,
dass sie sich so an ihn heranschmeißt?
Mama und ich gucken hin und her wie
bei einem Tennisspiel.

»Ich übernehme das Einkaufen sehr gern für Sie, Johannes!
Dafür braucht Ihre Tochter doch nicht extra zu kommen.«

BAMM! Das hätte sie lieber nicht sagen sollen!

»Doch, natürlich komme ich!«

Endlich schreitet meine Mutter ein.

»Schließlich will ich ja auch meinen Vater sehen.« Und
obwohl Mama versucht, dabei freundlich zu lächeln, entgeht
mir der eindeutige Unterton nicht. Beinahe trotzig wendet
sie sich dann meinem Opa zu. »Papa, versprochen, ich werde
künftig viel öfter kommen.«

Und dann ist Risa Grohs auf einmal verschwunden. Einen
Augenblick lang überlege ich, ob das nur ein Tag-Albtraum,
ein Hirngespinst oder so etwas Ähnliches war. Aber dann
fällt mir ihr giftgrüner Blick beim Packen ihrer Sachen ein.
Sie hat sogar das letzte Stück Marmorkuchen mitgenom-
men. Die war, glaube ich, ein bisschen »PIKIERT« (auch so
ein lustiges Opa-Wort). Aber soll ich mal was verraten? Das
ist mir sowas von PIEPEGAL!

#ByeByeFrauRiesin 👋

Gerade atme ich erleichtert auf und schaue meinen Opa
voller Erwartung an, da will mir auf einmal meine Mutter
einen Strich durch die Rechnung machen.

»Greta, am besten kommst du auch mit zum Einkaufen
und hilfst, damit es schneller geht.«

41

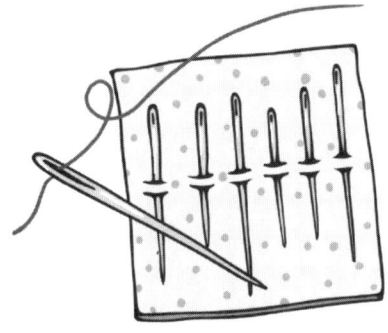

WAS? Ich weiß nicht, ob es klappt, aber weil ich auch grüne Augen habe, versuche ich, mindestens so giftig zu gucken wie Frau Grohs eben. HA! Es klappt!

»Du brauchst gar nicht so zu schauen«, sagt meine Mutter irritiert. »Ich kann Luka schließlich nicht so lange mit Mila allein lassen.«

»Das ist so gemein!«, presse ich heraus. »Ihr habt euch von dieser Frau einlullen lassen, obwohl ihr genau wusstet, wie viel wir vorhatten.«

OKAY. Ich schäme mich, aber ich kann nichts dafür, dass mir die Tränen hochsteigen. »Opa!« Ich schlucke. »Ich habe mich doch so auf unseren gemeinsamen Tag gefreut!«

Mein Groß-Papa schweigt und streicht mir über die Haare. Dann schaut er Mama vielsagend an und ist plötzlich mit ihr in der Küche verschwunden.

NA TOLL! Jetzt lassen sie mich auch noch allein. Was quatschen die da so lange? Das ist nach dem Tod meiner Oma, der Scheidung meiner Eltern und meinem Beinbruch vor zwei Jahren mit Abstand der mieseste Tag meines Lebens.

Wieso dauert das denn so ewig? Ich mache einen Schritt in Richtung Küchentür. Nur Gemurmel. Ich verstehe kein Wort! NOCH EIN SCHRITT. Oh Mann! Immer wenn ich glaube, ich habe etwas aufgeschnappt, werden Mum und Opa leiser.

»Greta!« Die Tür geht plötzlich auf. Vor Schreck verliere ich mein Gleichgewicht und taumele mit wedelnden Armen auf Mamas Brust. »Greta!« Mums Airbag ist weich, ihr Ton weniger. So ruft sie mich, wenn ich irgendetwas machen soll, was ich HASSE. Zum Beispiel die Spülmaschine ausräumen oder den Müll wegbringen. »Wer sagt denn, dass ich die Einzige sein soll, die im Haushalt was tut?«, schimpft sie dann immer. Aber was sie jetzt sagt, lässt mich daran zweifeln, ob ich meine Mutter wirklich kenne: »Wenn du versprichst, am Sonntag den ganzen Tag deinem Referat und den Hausaufgaben zu widmen, dann darfst du bis morgen hierbleiben.«

Habe ich das gerade wirklich gehört? ICH DARF BEI OPA BLEIBEN??? Ich strecke meine Arme aus und dann schlinge ich sie um die Hälse von Opa und Mama. JUHUUU! Es ist eine Ewigkeit her, dass ich hier zuletzt übernachtet habe. Damit habe ich echt nicht gerechnet. Wir müssen an den Wochenenden IMMER für die Schule lernen und natürlich Mama helfen. Da kommen wir nicht mal auf die Idee zu fragen, ob wir von Freitag auf Samstag irgendwo übernachten dürfen. Nicht mal bei Opa.

#Opa-TagGerettet ✌

Beim Gehen sagt meine Mutter dann etwas zu meinem Groß-Papa, was mich komplett aus den Socken haut: »Überleg es dir doch bitte noch einmal, zu uns zu ziehen. Das würde uns alles immens erleichtern.«

Was? Opa soll zu uns ziehen? Das wäre … das wäre … einfach unglaublich SCHÖN.

Aber als mein Groß-Papa wortlos den Kopf schüttelt, als stünde das gar nicht zur Debatte, und meine Mutter sich den Autoschlüssel greift und sich beeilt, hinauszukommen, merke ich, dass ich da lieber nicht nachfrage.

»Den Einkauf erledigen wir morgen, wenn ich dich abhole«, ruft mir meine Mutter zu. »Luka hat angerufen. Mila weint.« Und schon ist sie weg.

Was mich angeht: Ich bin jetzt einfach nur HAPPY. Endlich habe ich meinen Opa für mich allein!

Wenn doch alles ein bisschen anders als anders kommt

Zum Abendessen bereiten wir Linsen-Zucchini-Frikadellen vor. Die sind Opas Spezialität. Dazu wollen wir einen leckeren Feldsalat mit Tomaten machen. Seit Groß-Papa Vegetarier geworden ist, erfindet er dauernd tolle neue Veggie-Gerichte!

#LinsenZucchiniFrikadellenSindSoLecker 🍴😃

Während ich die Linsen im Topf rühre, wage ich es:

»Opa?«

»Hm?«

»Was hast du denn eigentlich Tolles für deine Nachbarin getan?«

Opa hält kurz inne, hackt aber, ohne aufzusehen, weiter die Petersilie.

»Was meinst du, Enkeling?«

Ich überlege kurz, ob ich wirklich nachhaken soll. Dann halte ich es aber doch nicht aus.

»Na, das hat sie doch vorhin gesagt. Du hättest so viel für sie getan. Ich glaube, die ist ganz schön verliebt in dich.«

»Ach was.« Opa winkt ab. »Du kommst auf Ideen!«

»Wieso?«, sage ich, ohne zu überlegen. »Wenn sie sich sogar für dich rewaschieren will.«

»Hohohoho! Sag das noch mal!« Opas Brummlachen ist so ansteckend, dass ich mitlachen muss, obwohl ich mich offensichtlich blamiert habe und obwohl die Frau Riesin ganz bestimmt KEIN lustiges Thema ist.

»Rewaschieren oder so«, sage ich etwas verschämt.

»Revanchieren«, korrigiert mich Groß-Papa. »Weißt du überhaupt, was das bedeutet?«

Peinlich. Ich muss den Kopf schütteln. Dabei kenne ich durch meinen Opa ganz bestimmt mehr Fremdwörter als alle in meiner Klasse zusammen. Aber was kann ich denn dafür, dass ich dieses fies klingende Wort noch nie gehört habe?!

»Das ist, wenn man jemandem aus Dank etwas Gutes tun will.«

»Aha«, sage ich. Aber dann merke ich, dass meine erste Frage trotzdem passt. »Und warum ist sie dir so dankbar?«

»Ihre Katze hatte sich letzte Woche im Rollladen verfangen, da habe ich sie mal schnell gerettet.«

»OHA«, sage ich. »Also ein echter Notfall. Nichts Vorgetäuschtes?«

»Du magst Frau Grohs offensichtlich nicht, was?«

Ich schiebe die Unterlippe vor und zucke mit den Achseln. »Und du?«

Opa ahmt mich nach: Unterlippe vor, Achseln hoch. Er lacht. »Jedenfalls ist sie eine einsame Frau und dankbar, dass ihre Katze noch lebt.«

»Aber sie hat meinen Tag mit dir ver-
dorben. Und warum ist sie überhaupt
gekommen? Hast du sie eingeladen?«

»Nein«, sagt Opa. »Wieso sollte ich?
Ich habe ihr gegenüber nur erwähnt,
dass ich euch erwarte. Sie hat sich einfach
selbst eingeladen.«

Na, das passt ja. Ich sehe die Riesin vor mir.
Meine Oma hätte sich niemals so verrückt gekleidet. Das
wirkt so abgefahren, dass es schon fast cool ist. Trotzdem …

Mein Groß-Papa beugt seinen Kopf vor und linst über
seine Brille. »Sieh's doch mal so, Greta: Ohne Frau Grohs
hättest du hier sicher nicht übernachtet, nicht wahr?«

»Hmm … okay, stimmt.« Aber Opa braucht gar nicht erst
zu glauben, dass mir seine neue Nachbarin nun sympathischer ist.

Als wir uns nach dem Essen mit einer Schale Bananenchips und Pfefferminztee auf die Couch setzen, die Beine
hochlegen und gemeinsam eine Quizsendung ansehen, habe
ich alles vergessen. Hatte ich eben gesagt, dass das einer der
miesesten Tage meines Lebens war? Jedenfalls ist das jetzt
einer der gemütlichsten Abende jemals!

»Opa?«

»Hm?«

»Was willst du mir denn morgen eigentlich geben?«

Mein Groß-Papa schweigt und tut so, als sei er auf einmal
ganz gebannt von den Quizfragen. Als ich ihn mit dem Ellenbogen anstupse, greift er in die Schale und stopft sich eine
Handvoll Bananenchips in den Mund.

»Opa!«

»Hm?« Groß-Papa kaut lautstark. Aber ich sehe, dass er grinsen muss.

OH MENNO! »Sag doch, bitte!«

Nam, nam … Es dauert eine Ewigkeit, bis Opa endlich schluckt und sich mir zuwendet.

»Enkeling«, sagt er geheimnisvoll und zwinkert mir zu. »Du warst heute so geduldig, ich bin sicher, dass du es noch ein bisschen aushalten wirst. Lass dich einfach überraschen!«

Dann erzählt er mir von seinem Plan. »Gleich nach dem Frühstück fangen wir an. Du kannst alles mitnehmen, was du brauchen kannst.«

Und als sei das alles nicht aufregend genug, kommt die Krönung des Tages: Ich darf in Opas altem Atelier schlafen.

»Morgen kannst du dir hier alles in Ruhe ansehen, Greta. Aber nun schlaf schön!« Ich bekomme einen Gutenachtkuss auf die Stirn.

Bevor Opa geht, hebt er die Augenbrauen und sieht mir tief in die Augen. »Ach ja, wir dürfen morgen den Keller nicht vergessen. Dort habe ich eine ganz besondere Überraschung für dich!«

Wie bitte soll ich denn jetzt noch einschlafen? Im Licht der alten Stehlampe schaue ich mich etwas um. Eigentlich sieht es aus wie immer. Nur ein wenig unordentlicher, weil jetzt überall Kisten herumstehen und einige Stoffballen, die an der Wand lehnten, umgekippt sind. Ich liebe Opas Atelier und fühle mich hier pudelwohl. Deswegen müsste ich eigentlich schlafen wie ein Pudel, oder? Aber Pustekuchen. Ich bin so aufgeregt, dass ich mich hin und her wälze.

Ich hole mein Handy. 39 Nachrichten von Mimi! Ups!

> Hey, spam mich nicht immer so zu. ;-) Die Riesin ist weg.
> Ich darf bei Opa schlafen. Melde mich, wenn ich wieder
> zu Hause bin. Bb.

Ob ich mich einfach schon mal selbst ein wenig im Atelier umsehen soll? Aber ich traue mich nicht. Außerdem will ich mich von Opa persönlich überraschen lassen.

Die Nacht vergeht überhaupt gar nicht. Ganz im Gegenteil. Sie dauert ewig. Irgendwann falle ich in einen quälenden Halbschlaf, in dem ich mich dauernd auf der Suche befinde. Ich suche und suche und kann aber einfach nichts finden. Die ganze Nacht frage ich mich, ob ich wach bin oder träume. Ich glaube, Opa hätte mir lieber nichts von seiner Überraschung verraten sollen. Was kann es nur sein?

Der Samstagmorgen bei Opa ist dann so, wie ich ihn in der ersten Klasse immer gemalt habe: Blauer Himmel, ein paar weiße Wolkenflecken und eine knallgelbe Sonne mit einem lachenden Gesicht. Das Haus in der Mitte hat einen blauen Zaun. Im Garten steht eine Strichprinzessin mit einer Krone (ich). Einer der dicken Strahlenbalken berührt die Krone der Prinzessin. Neben ihr steht ein großer Kirschbaum. Die Kirschen habe ich immer besonders groß und rot gemalt.

In Opas Garten steht wirklich ein Kirschbaum, aber er hat aus den Kirschen längst Marmelade gemacht. Die hat Opa auf den Frühstückstisch im Garten neben den Waldhonig, die Eierbecher und die kleine Vase mit den blauen Blumen gestellt. Groß-Papa hat mich ausschlafen lassen. Er bringt jetzt warme Brötchen und frisch gepressten Orangensaft.

»Guten Morgen, Enkeling. «

»Morgen, Opa!«

Es schmeckt alles so lecker, aber ich schlinge mein Frühstück schnell hinunter. Dann mache ich mich ans Abräumen und ziehe Opa seinen Teller weg.

Aber Groß-Papa hat es nicht eilig. Er nimmt noch einen Schluck Orangensaft und zeigt mir irgendeine neue blau blühende Staude. Ich werfe nur einen kurzen Blick darauf.

Erst drinnen, als ich die Butter in den Kühlschrank stelle, macht es KLICK bei mir.

Nach Omas Tod hat mein Groß-Papa nichts in ihrem verwunschenen Garten verändert. Der Garten war für sie echt wichtig. Sie hat Stunden darin verbracht und jede einzelne Pflanze gehegt und gepflegt. Wenn ich an meine Oma denke, sehe ich sie immer im Garten arbeiten. Oft hat sie mir Blumen gezeigt und erklärt, wo und zu welcher Jahreszeit sie am besten wachsen.

Nachdem Oma gestorben war, hat Opa nicht mal meiner Mutter erlaubt, im Frühjahr eine andere Tulpensorte zu setzen! Und jetzt hat er selbst etwas Neues gepflanzt!

»Sehr hübsch!«, sage ich schnell zu Opa, als ich zurückkomme und das restliche Geschirr aufeinanderstapele. »Wo hast du sie denn her?«

»Ach«, sagt Opa. »Die hat Ri…« Er räuspert sich. »Also, die hat mal jemand mitgebracht.«

»WAS?« Ich glaube es nicht. »Frau Grohs hat die mitgebracht?«

»Ach, Greta!« Opa schüttelt den Kopf. »Das weiß ich doch nicht mehr, wer die mitgebracht hat.«

Ich glaube, die Änderung im Garten ist ihm peinlich.

»Weißt du, in der Ecke dort war eine Lücke entstanden, weil die Ballonblumen eingegangen waren. Und diese Stauden haben da so gut hingepasst.« Dann klopft er mir auf den Arm. Es kommt mir fast vor, als wolle er mich ablenken. »Jetzt aber los, Enkeling, an die Arbeit!«

YAY! Jetzt ist es also so weit! Wir gehen ins Atelier und Opa stellt die Kisten, die aufeinandergestapelt an der Wand stehen, nacheinander auf den Boden und öffnet die Deckel. »Schau sie dir in Ruhe durch, Kind. Du kannst alles haben.«

»Wirklich ALLES?!« Oh mein Gott! Ich kann meinen Augen nicht glauben. Mein Mund klappt automatisch auf und ich starre meinen Groß-Papa an.

Opa lacht und schiebt mit dem Zeigefinger mein Kinn nach oben, damit mein Mund sich schließt. »Schau nicht mich an, sondern guck lieber in die Kisten.«

Vorsichtig streiche ich mit meiner Hand über die Stoffstapel, blättere die sorgfältig gefalteten Stoffstücke durch. »Aber Opa«, sage ich VERZÜCKT(!), »das hier, das ist doch Seide, oder?«

Mein Groß-Papa nickt. »Ja, das sind echte Seidenstoffe. Und zwar die unterschiedlichsten Arten. Wildseide, Glanzseide, Roh- und Naturseide. Die meisten sind aus China, einige aus Indien.«

»Die sind so was von MEGASCHÖN! Warum willst du die denn nicht mehr haben?«

»Ach, Kind. Ich nähe doch nicht mehr. Und du kannst die Stoffe doch sicher gebrauchen, oder?«

»Na klar! Und wie!«

Opa hat die verschiedensten Stoffsorten fein säuberlich getrennt in Kisten sortiert. Da sind noch Kartons mit Tüll, Samt, Spitze, Baumwolle und sogar mit teurem Brokat und Leinen.

»Weißt du, was ich alles damit machen kann? Ich habe ganz viele Ideen. Willst du mal meine neuen Entwürfe sehen? Ich habe sie alle dabei.«

»Unbedingt, Enkeling. Am besten gleich, wenn wir hier fertig sind.«

Und dann zeigt mir Opa noch Schachteln und Tüten mit Scheren, Knöpfen, Reißverschlüssen, Garnen und Nadeln in den verschiedensten Größen oder Farben. Das ist alles so schön!

»Eine Augenweide, nicht wahr?«, sagt Opa und ich halte es nicht mehr aus. Ich hole mein Handy und filme langsam über jede Kiste. Diesen Moment muss ich einfach festhalten. Vielleicht kann ich mal daraus ein buntes Intro für meinen VLog schneiden?

In einer Kiste sind alte Modezeitschriften von der Zeit, in der Opa und Oma jung waren. Megacool! Die Mode von damals ist heute teilweise sogar wieder modern. Aber ich finde die Zeitungen auch deshalb toll, weil ich mir daraus ganz viele Ideen holen kann.

Und dann kommt etwas ganz Besonderes: Groß-Papas Schnittmuster von seinen eigenen Entwürfen fürs Theater.

Die darf ich auch alle haben! Ich kann es einfach nicht glauben.

»Opaaaa! Dankeee!« Ich hüpfe auf und ab und mein Herz hüpft mit. Und da ich mein Handy immer noch in der Hand halte, hüpft auch meine Aufnahme.

Groß-Papa lacht. »Ist ja schon gut, Enkeling.«

Er schlägt vor, dass wir uns gemeinsam seine Fotoalben vom Theater ansehen können. »Damit du dir unter den Schnittmustern auch etwas vorstellen kannst.«

Das passt. Ich bin nämlich total kaputt. Und mein Arm tut auch schon weh vom Filmen. Ich stoppe die Aufnahme und lege mein Handy weg. Wir setzen uns auf die Couch im Wohnzimmer. Groß-Papa schaltet die große Stehlampe an, damit wir mehr Licht haben.

Ein paar Kostüme kenne ich schon von den Familienfoto-alben. Zum Beispiel die Fotos von meiner Mama als Kind. Wenn Opa Abenddienst hatte, durfte sie manchmal mit zu den Theateraufführungen.

Sie erzählt immer, dass die Schauspieler sie so süß fanden, dass sie sich alle mit ihr fotografieren lassen wollten. Manch-mal hat sie auch die übergroßen Kostüme anprobieren dür-fen.

Das eine Foto im Frack mit Zylinder zum Beispiel, das habe ich schon immer gerne angeguckt. Darauf sieht sie wirklich niedlich aus, auch wenn ich mir einfach nicht vor-stellen kann, dass das meine Mama sein soll.

Die Hosen sind mehrfach hochgekrempelt, der lange schwarze Hut ist ihr ins Gesicht gerutscht und die Ärmel reichen weit über ihre Hände hinaus. Obwohl sie darin etwas verloren aussieht, grinst sie frech in Richtung Kamera. Eine Zeit lang habe ich sogar geglaubt, dass das Luka ist.

Aber in diesen persönlichen Alben von Groß-Papa entdecke ich jetzt so unglaublich tolle Kostüme aus allen EPOCHEN (Opa-Wort), die ich noch gar nicht kenne. COOL! Echt mega-megacool! »Darf ich die abfotografieren?« Und noch bevor Opa antworten kann, frage ich ihn, ob es okay wäre, wenn ich ihn filme, während er etwas über die Fotos erzählt.

Erst guckt mich mein Groß-Papa verwundert an, dann nickt er und lacht. »Gut, ich habe nichts dagegen!« Und dann legt er den Kopf zur Seite und betrachtet mich nachdenklich, als hätte er eine wichtige Entdeckung gemacht: »Du machst das gern, nicht? Hast du ein neues Hobby?«

»Du meinst das Filmen?«

»Genau!«

»Ja, aber ich filme nur Dinge, die mit Design und Nähen zu tun haben.«

»Aha!«, macht Opa und er klingt so, als ob ihn das sehr interessiert. Aber weil ich aus dem Staunen gar nicht herauskomme, will ich lieber gleich loslegen. Boah! Einige Kleider finde ich ganz besonders toll. Ich muss sie mir immer wieder angucken. Ich zoome heran. Sie erinnern mich an Himbeersahnetorten. Viele bunte Stoffschichten aufeinander. Hier ein Röschen, dort ein Rüschchen. Wie Schlagsahne mit einer Himbeere obendrauf.

Opa sagt, dieser Stil sei aus der Rokoko-Zeit.

»Die hast alle du genäht?«, frage ich.

Opa nickt. »Klar.« Er blättert ein paar Seiten weiter. »Schau, die Kostüme hier zum Beispiel, die sind für das Stück ›Der Alchemist‹ von Ben Jonson entstanden. Das war die Aufführung zum Shakespeare-Festival 1985. Die hat später sogar das Schauspielhaus Wien von uns ausgeliehen. Und dann sind die Kostüme auf der Tournee durch ganz Deutschland gereist.«

Opas Stimme klingt meistens gleichmäßig und ruhig, aber ich glaube, jetzt höre ich etwas Stolz heraus.

»Einmal«, erzählt er, »einmal ist das Ensemble sogar zum Vorarlberger Landestheater nach Bregenz gefahren. Und ich war dabei.« Opa zeigt auf ein Foto, auf dem er gemeinsam mit den Schauspielern, dem Kostümbildner und dem Intendanten auf der Bühne steht und man sieht, wie er sich mit ihnen Hand in Hand verbeugt. WOW! Ein bisschen wie bei einer Modenshow, wo am Ende der Designer gemeinsam mit den Models auftritt. Und ein bisschen so, wie ich mir meine Zukunft vorstelle – hoffentlich.

Opa steht auf und geht im Zimmer auf und ab. Dabei betrachtet er die Kisten und Schachteln. Dann atmet er hörbar aus, so, wie man es tut, wenn man erschöpft oder hoffnungslos ist.

»Was ist denn, Opa?«, frage ich erschrocken und überlege, ob ich auf Pause drücken soll.

»Ach«, sagt mein Groß-Papa, und er klingt wirklich etwas verzweifelt. »Als ich gerade die Rokoko-Kleider gesehen habe, ist es mir wieder eingefallen. Ich hatte mal ausgesprochen wertvolle Schnittmuster. Originale aus dem 18. Jahrhundert. Einzigartig auf der ganzen Welt.

Einige Kostüme habe ich exakt danach genäht. Auf den Fotos erkennt man es nicht, aber sie waren so authentisch, dass man sie ins Museum hätte hängen können.«

WOW! »Und was hast du mit ihnen gemacht?«, frage ich und denke mir, dass für mich all diese Kleider wie aus dem Museum aussehen.

»Verloren«, sagt mein Groß-Papa. »Oder verlegt, ich weiß es nicht. Jedenfalls habe ich jahrelang nach ihnen gesucht. Wirklich überall.« Er presst die Lippen zusammen und schüttelt den Kopf. »Nichts! Ich hätte sie dir gerne gegeben.«

OHA! So verzweifelt habe ich Opa noch nie gesehen. Am besten, ich höre auf zu filmen. »Bist du dir sicher, dass du sie verlegt hast?«, frage ich vorsichtig.

Groß-Papa hebt die Schultern und sagt, dass er insgeheim immer noch die Hoffnung habe, die Schnittmuster irgendwann zu finden.

»Bestimmt!«, sage ich, um ihn aufzuheitern. Die müssen ihm ganz schön wichtig sein. Und trotzdem würde er sie mir geben!

Auf einmal kommt es mir nicht mehr richtig vor, dass mein Groß-Papa mir all seine Schnittmuster, all die wertvollen Stoffe und seine persönlichen Alben schenken möchte.

»Opa«, sage ich und zeige auf die vielen Kisten und Schachteln. »Sei mir nicht böse, aber das kann ich echt nicht annehmen.«

Groß-Papa zieht die Augenbrauen zusammen. »Wie soll ich das verstehen, Kind?«

»Na, wenn du mir zum Beispiel die Fotoalben alle schenkst, ich meine, das sind doch deine Erinnerungen!«

Opa schweigt. Ich kann seinen Blick nicht deuten. Traurig? Beleidigt? Oder, oje, vielleicht ist er sauer auf mich? Aber dann wuschelt er mir durch die Haare.

»Enkeling, die sind hier drin.« Er zeigt erst mit dem Zeigefinger auf seinen Kopf und dann legt er seine Hand auf sein Herz. »Genauso wie die Erinnerungen an deine Oma. Dafür brauche ich keine Fotos.«

Plötzlich habe ich einen Kloß im Hals. Ich nicke. Es fällt mir kein einziges Wort ein, das ich jetzt sagen könnte. Deswegen lege ich einfach meine Hand auf seine.

»Aber es wäre schön«, sagt Opa nach einer Weile, »wenn du mir versprichst, dass du diese Alben und wenigstens die Schnittmuster aufhebst. Dann weiß ich, dass mein Werk in guten Händen ist und jemand ab und zu an mich denkt.«

»Opa! Wieso sagst du so etwas? Natürlich hebe ich die gut auf.« Ich lege die Arme um meinen Groß-Papa und lehne mich an seine Brust. »Und ich denke IMMER an dich.« Ich kann nicht glauben, dass Opa MICH für sein Lebenswerk ausgewählt hat. Aber ich bekomme auch auf einmal Angst um ihn, denn ich möchte ihn NIE, NIE, NIE verlieren. Ich halte ihn noch fester und vergrabe meinen Kopf tief in seiner Brust. »Immer!«

Meine Mutter schlägt die Hände über dem Kopf zusammen, als sie viel zu früh, nämlich schon um zwei, bei Opa auftaucht. Dabei sind wir noch lange nicht fertig.

»Das können wir doch unmöglich alles mitnehmen! Wo soll ich denn das unterbringen? Hast du mal daran gedacht, Fräulein?«

»Mama! Echt jetzt?!«

Gerade in dem Moment schleppt mein Opa ausgerechnet noch die lebensgroße Schneiderpuppe und die Overlock-Maschine herbei.

»Was, das auch noch?«, kreischt meine Mutter. Sie dreht fast durch.

»Ja, Mama! Sonst kommt das alles in den Sperrmüll.«

»Wieso?« Mama schüttelt verständnislos den Kopf. »Das ganze Zeug kann man auch gut verkaufen.«

»Nein, Mama«, bettele ich. »Ich brauche das alles doch.«

Zum Glück eilt mir mein Opa zu Hilfe. »Es ist ja nicht so, dass mir die Sachen nichts mehr bedeuten«, sagt er ruhig. »Bei Greta sind sie in guten Händen und mein Werk geht so wenigstens nicht verloren.«

»Ach, Papa!« Meine Mutter versucht, verständnisvoll zu klingen, aber man hört ihr an, dass ihr hysterischer Anfall noch nicht vorüber ist. »Das verstehe ich doch, aber schau doch mal, wie viel das ist. Wir haben doch gar keinen Platz.«

»Ich mache Platz in meinem Zimmer, wirklich«, sage ich.

Mama rauft sich die Haare. »Dein Zimmer wird schon mit der Hälfte der Kisten vollgestellt sein.«

»Dann … dann kommt es erst mal in den Keller.«

»Wann warst du das letzte Mal dort unten, mein Schatz?«, spottet meine Mutter. »Der quillt schon aus allen Nähten!«

Mir gehen langsam die Argumente aus. Wenn mir jetzt mein Opa nicht helfen kann, muss ich Mimi zurate ziehen.

Meine Mutter macht immer alles kaputt. Ich fühle mich richtig mies, so sehr, dass ich gar nichts dagegen tun kann, als es aus mir herausprudelt:

»Du bist sowieso immer gegen mich und meinen Traum!«

»Was?« Wer meine Mum kennt, weiß, wie sie jetzt guckt: Sie kneift ihre grünbraunen Augen so zusammen, dass man meint, sie sei extrem kurzsichtig, und dann reißt sie sie plötzlich auf, als würden sie gleich aus ihren Höhlen herausspringen.

#HilfeMumFlipptGleichAus ☹

Unter uns: Meine Mutter übertreibt immer ein bisschen. Nicht nur mit ihren Reaktionen, sondern auch mit ihrer Mimik. Vor allem, wenn sie sauer ist. Dann sieht sie ziemlich seltsam aus. Ein bisschen wie ein KOBOLDMAKI. Das Hübsche in ihrem Gesicht ist dann plötzlich weg, als hätte sie sich verwandelt. Ich muss dann immer aufpassen, dass ich nicht lache. Das käme nämlich gar nicht gut! Ich meine, ich verstehe meine Mutter ja. Sie ist immer so erschöpft. Und ich versuche auch zu helfen, so oft ich kann. Aber sie, sie versteht mich gar nicht. Warum darf ich keinen YouTube-Channel haben? Und was haben ihre Sorgen mit Opas coolen Sachen zu tun? Er hat dafür schließlich fast ein Leben lang gearbeitet, und wenn ich sie nicht mitnehme, sind sie für immer weg.

Sie zieht ihren Pferdeschwanz straff. »Wie kannst du das einfach so sagen, wo ich doch alles für euch tue.«

OMG. Mamas Stimmung ist von Wut in Wehleidigkeit gekippt. Das ist fast noch schlimmer. Sie sagt dann so seltsame Dinge, die sind irgendwie magisch. Weil ich danach IMMER

Schuldgefühle bekomme und sie am Ende recht behält. »Ich habe deinen Traum immer unterstützt! Gestern habe ich noch alle Sachen aus dem Kofferraum geräumt, um Platz zu machen. Was meinst du wohl, warum ich das getan habe?«

PENG! Da ist es schon: Das SCHLECHTE GEWISSEN! Wenn ich nämlich genau überlege:

❀ findet meine Mutter es immer toll, was ich so nähe.

❀ sie hat nichts dagegen, dass ich meine selbst genähten Sachen anziehe und so herumlaufe.

❀ außerdem hat sie mir zu meinem letzten Geburtstag auch die coole elektronische Nähmaschine geschenkt, ohne dass ich sie mir gewünscht habe.

❀ und sie sagt immer, dass ich nach meinem Opa komme.

Auf einmal klingt meine Mutter ganz ruhig: »Du solltest dir etwas aussuchen und nicht das gesamte Atelier mitnehmen.« Dann wendet sie sich meinem Opa zu. Der scheint auch nicht weiterzuwissen und versucht schon die ganze Zeit, die Schneiderpuppe aufrecht hinzustellen. Die steht nämlich schief. Vielleicht fehlt da irgendeine Schraube oder so. »Warum behältst du die Sachen denn nicht erst mal hier und gibst sie Greta später?«

»Weil ich sie jetzt brauche!«, springe ich ein.

»Ich nähe doch nicht mehr, Iris«, sagt mein Groß-Papa und deutet auf seine Augen. »Und Greta ist gerade sehr kreativ. Hast du mal ihre Entwürfe gesehen? Wir sollten das fördern.«

Meine Mutter hebt die rechte Augenbraue, so als wüsste sie, dass das nur die halbe Wahrheit ist.

»Nun ja«, sagt mein Groß-Papa und seine Stimme zittert ein bisschen. »Es belastet mich schon … Ich meine, dass ich nicht mehr kann, wie ich will. Was meinst du, was mich diese Entscheidung an Überwindung gekostet hat? Und …« Opa macht eine Pause. »Und außerdem ist dieses Haus zu groß für mich allein.« Nun holt er tief Luft, als wolle er sich mit Mut volltanken. »Ich erwäge, mir eine kleine Wohnung zu nehmen!« Während er das sagt, sieht er meine Mutter und mich nicht an. Er schaut zur Decke.

»Wie bitte? Das sagst du uns jetzt erst, einfach so?« Meine Mutter klingt entsetzt, nein, mehr erschrocken. »Und was soll bitte aus diesem Haus werden?«

»Also, Iris!« Jetzt sieht mein Groß-Papa Mum direkt in die Augen. »Dasselbe, wie wenn ich zu euch ziehen würde. Ich muss es selbstverständlich verkaufen.«

Jetzt bin ich auch erschrocken. DIESES HAUS VERKAUFEN? OH NEIN!

»Wenn du zu uns ziehst«, sagt Mum traurig, »dann musst du das Haus nicht verkaufen!« Plötzlich wirkt ihr Gesicht wie zusammengefallen.

»Du weißt, ich bin ein selbstständiger Mensch«, redet Opa weiter. »Und solange ich kann, will ich das auch bleiben. Aber dieses Haus ist zu groß. Ich kann mich nicht darum kümmern, und auch für dich ist es eine Belastung.«

»Opa! Opa, bitte zieh zu uns!«, rufe ich. Wie toll das wäre!

Groß-Papa streicht mir über den Kopf. »Enkeling, ihr habt ja nicht einmal Platz für diese Sachen, wo soll ich denn da unterkommen?«

Meine Mutter stützt ihre Stirn auf die Hand, so als hätte sie auf einmal Kopfschmerzen. »Du weißt, dass ich Ralfs Arbeitszimmer für dich reserviert habe«, sagt sie mit leicht bebender Stimme. »Du kannst jederzeit kommen …«

Mein Groß-Papa lächelt. »Ich bin dir sehr dankbar, mein Kind, aber zwei Dickköpfe in einem Haus, das geht nicht gut.« Ich glaube, er versucht, die Stimmung zu heben. Bei mir jedenfalls funktioniert es.

»Doooch!«, rufe ich. »Das ist eine tolle Idee von Mama! Bitte, Opa!«

Auf das alte Arbeitszimmer von meinem Vater bin ich gar nicht gekommen.

Seit er weg ist, tun alle so, als gäbe es das Zimmer gar nicht. Das letzte Mal als ich reingesehen habe, standen dort immer noch zwei Rollcontainer, ein paar Kisten und ein Schreibtisch von ihm herum. Soweit ich weiß, hatte er die Regale und einen Aktenschrank schon ausgeleert. Er wollte die restlichen Sachen abholen, wenn sein Japan-Aufenthalt zu Ende ist. Meine Mutter glaubt nicht daran, dass er geschäftlich dorthin versetzt wurde. Sie sagt, er hat sich sicher eine Weltreise mit seiner neuen Freundin gegönnt. Er ist auf jeden Fall längst wieder zurück, doch er hat die Sachen immer noch nicht abgeholt.

Das Zimmer Opa zu geben, ist die allerbeste Idee, die Mum in letzter Zeit hatte!

»Bitte, Opaaaa!«

«Okay, ich korrigiere«, lacht Opa und deutet auf mich. »Es sind drei Dickköpfe!«

»Nein, fünf!«, sage ich, denn er hat Luka und Mila vergessen. »Aber wir lassen dich in Ruhe, wenn du bei uns wohnst, Opa, ganz bestimmt!«

Groß-Papa schüttelt den Kopf so bestimmt wie gestern an der Tür, und mir ist klar: daraus wird nichts.

»Du könntest das Zimmer doch Greta geben für all diese Sachen. Wenn doch sonst kein Platz ist. Sie könnte sicher ein Atelier gebrauchen.«

Wow! Das ist die zweitbeste Idee heute, ich meine, natürlich nur, wenn Opa nicht zu uns kommen sollte. Aber als Mama darauf mit einem spöttischen »Ja, ja!« antwortet, gehe ich darauf lieber weiter nicht ein. Hauptsache, sie hat sich wieder beruhigt. Ich weiß zwar nicht, warum, aber ich spüre, dass diese Überlegung für meine Mutter ÜBERHAUPT GAR NICHT infrage kommt.

»Greta hat bereits ein Zimmer«, sagt sie. »Und dann muss sie eben zusehen, wie sie dein ganzes Atelier dort unterbringt.« Mama seufzt und zeigt auf die Schneiderpuppe und die Overlock-Maschine. »Das kann aber auf keinen Fall mit.«

Soll das etwa heißen, dass ich alles andere mitnehmen kann? Ich traue mich gar nicht nachzufragen. Aber es klang doch so, oder? YIPPIEEE!

Aber andererseits … ohne Overlock kann ich doch nicht wirklich professionell schneidern. Jedenfalls hat Opa schon oft gesagt, dass jeder Profi-Schneider eine Overlock-Maschine braucht.

Die näht und schneidet zugleich, sodass man immer einen sauberen Saum hat. Wie ich die benutzen muss, wollte er mir noch zeigen.

Und die Schneiderpuppe, die brauche ich doch auch! Zum genauen Maßnehmen und zum Anprobieren. Keine

Ahnung, wie ich jetzt gucke, aber Opa scheint meine Gedanken zu lesen.

»Komm, Greta«, sagt er schnell und zwinkert mir zu. »Die kannst du wirklich auch erst mal hierlassen. Ich verspreche dir, dass ich sie für dich aufhebe.«

»Hm.« Ich zucke die Schultern … NA JA! Immerhin HABE ich jetzt eine tolle Overlock-Maschine und eine echt coole Schneiderpuppe. Ich beschließe, dass ich fürs Erste klein beigebe. »Okay«, murmele ich widerwillig. Was soll ich denn sonst auch machen?

»Und wie soll ich das alles überhaupt transportieren?«, jammert meine Mutter auf einmal wieder. »Dir ist schon klar, dass das nicht auf einmal in den Wagen passt?!«

Ich nicke stumm und durchwühle mein Gehirn nach einer schnellen Lösung. NICHTS ZU MACHEN. Was das angeht, fühlt es sich gerade ziemlich leer an. In der Zwischenzeit ist Opa verschwunden und kommt jetzt mit den fünf riesigen Stoffballen aus dem Atelier zurück in die Diele.

»Was? Das auch noch?« Meine Mutter kriegt sich nicht ein. Schüttelt dauernd den Kopf, als hätte sie einen Wackeldackel verschluckt. Okay, ich habe auch keine Idee, wie wir die langen Stoffballen nach Hause transportieren sollen.

»Nein, nein!«, beruhigt sie mein Groß-Papa. »Die können auch noch hierbleiben.«

PUH! Danke, Opa!, denke ich. Innerlich schicke ich ihm einen dicken Kuss zu. Hauptsache, die Kisten kommen mit und … und noch eine ganz wichtige Sache. Aber davon weiß meine Mum noch nichts. AUWEIA!

Noch Wünsche frei

Bei der Sache, von der Mama noch nichts weiß, handelt es sich um Opas alte Nähmaschine, die ist von 1832 und ein ECHTER SCHATZ. Die sieht aus, als käme sie direkt aus einem Museum, genauso wie die Kleider, die mein Opa genäht hat. Ich meine, die ist wirklich wertvoll, eine echte RARITÄT (Opa-Wort!) und richtig viel wert. Die kann ich doch nicht einfach zurücklassen! Ich wäre zwei Mal hintereinander beinahe umgekippt: Einmal, als ich sie zum ersten Mal gesehen habe, und dann noch mal, als Opa sie mir einfach so geschenkt hat. Das war nämlich etwa zwei Stunden, bevor meine Mutter gekommen und die ganze Situation eskaliert ist.

»Komm mal mit, Enkeling!«, sagte Opa. Schon die geheimnisvolle Art, wie er das betont hatte, ließ mein Herz höher schlagen. Wir sind die knarrenden Holzstufen zu seinem Keller hinuntergeklettert. Opa ging vor. Er stützte sich auf das wackelige Geländer und ich hab mich an seinem Hemd festgekrallt. Es war dunkel, der Abstieg ist nur durch eine schwache Glühbirne beleuchtet. Ein modriger Geruch schlug mir entgegen und ich musste aufpassen, nicht zu stolpern. Aber als ich dann in Opas Keller stand (übrigens zum ersten

Mal), war ich total überrascht. Hier war es hell und beinahe gemütlich. Nur halt ziemlich staubig und voll. Und dann war es so weit. Groß-Papa hatte SIE unter einer alten Tischdecke versteckt. Als ich sie sah, dachte ich: Genauso muss es sich anfühlen, wenn ich mal Katy Perry gegenüberstehe (mein zweitgrößter Traum).

Ich meine, klar, Katy ist keine Nähmaschine. Aber wäre sie eine, dann wäre sie DIESE.

Sie ist so … so IMPOSANT (bei dem Opa-Wort muss ich immer an POSAUNE denken. Ich finde, das passt sogar zu der tollen Nähmaschine)! Sie hat eine geschwungene schwarze Form und ist mit goldenen ORNAMENTEN (!) verziert. Die Tischplatte ist aus einem dunklen, edlen Holz und alles zusammen steht auf einem schweren Gusseisengestell.

»OPA!«, kreischte ich. »Ich weiß nicht, was ich sagen soll! Danke! Das ist so cool!« DANKE! DANKE! DANKE!

Opa lachte. »Das ist Tessa. Ich habe sie mal von einem Schneidermeister aus Isfahan geschenkt bekommen.«

Mit dem Zeigefinger strich er über das dunkle Eisen und pustete den Staub weg. »Es ist eine mechanische Nähmaschine mit Fußantrieb. Der Transport nach Deutschland war schon ein Abenteuer für sich. Und Tessa hat viel erlebt. Damit könnte man Bände füllen, das kannst du mir glauben!«

OHA! Tessa?!

»Erzählst du mir ihre Geschichte? Darf ich dich dabei filmen? Und wieso nennst du sie Tessa? Opa, ich muss alles wissen!«

Mein Groß-Papa musste lachen. Er hat mir versprochen, dass er mir mal in Ruhe alles erzählen würde. Opa sagte, dass

Tessa zwar alt sei, aber seinerzeit ein richtiger Star gewesen ist. Sie sei jahrelang kaputt gewesen. Und er habe sie extra für mich repariert.

»Sie kann die dicksten Stoffarten nähen. Das kriegen die empfindlichen elektronischen Maschinen nie hin.«

»Opa«, meine Stimme war ganz zittrig vor Glück und Rührung und ach, ich weiß nicht was allem. »Du bist einfach der beste Opa auf der Welt und heute ist der beste Tag in meinem ganzen Leben. Und weißt du, wieso?«

»Du sagst es mir, Enkeling, oder?«

»Weil ich jetzt nur noch zwei wirklich große Träume habe.«

»Nur noch zwei?« Mein Opa horchte auf. »Und die wären?«

»Ein eigener YouTube-Channel und Katy Perry treffen.« *#DIYQueenWerden* 👑

»Aha!« Groß-Papa kratzte sich an seinem unrasierten Kinn. »Ich glaube, dafür bin ich nun wirklich zu alt. YouTube ist mir ein Begriff, aber was ist ein Channel? Und wer um Himmels willen ist Kate Mary?«

»Katy Perry, Opa!«, kicherte ich. »Meine Lieblingssängerin. Sie singt nicht nur toll, sie trägt auf der Bühne immer total ausgeflippte Kostüme.« Ich zückte mein Handy. Da habe ich Katy als Hintergrundbild gespeichert. So konnte sich mein Opa gleich ein Bild von ihr machen.

»Hübsch!«, sagte mein Groß-Papa. »Aber eher nicht mein Typ.«

»Opa!« Ich stupste ihn mit dem Ellenbogen an. »Ich glaube, du wärst auch nicht ihrer.«

»Hohoho! Du bist aber gar nicht auf den Mund gefallen, was?« Opa lachte laut auf.

Na ja, dachte ich, er sollte mich mal vor der Kamera sehen! Da bin ich ganz anders. Vor Aufregung einen Schluckauf zu bekommen oder zu stottern, das ist für einen erfolgreichen YT-Channel nicht die allerbeste Voraussetzung.

Komischerweise wollte mein Opa auf einmal alles über Katy wissen. Wo sie lebt, wer ihr Manager ist und so weiter.

»Das wusste ich mal … hab ich aber vergessen«, sagte ich. »Wieso?«

»Och.« Groß-Papa sah schmunzelnd zur Decke. »Im Laufe meines langen Lebens habe ich so manchen Star und seinen Manager getroffen.«

HÄ? Was sollte das heißen? »Wen hast du getroffen?« Opa überrascht mich immer wieder. Jedes Mal merke ich, dass ich so viel über meinen Groß-Papa noch gar nicht weiß.

»Vergiss nie, dass Schneider ein Beruf ist, den es immer geben wird, solange die Menschen danach streben, besonders zu sein.«

Warum tat Opa jetzt so geheimnisvoll? »Opaaa, sag doch mal!«

»Denk nach, Enkeling.«

»Hm, meinst du, weil Stars auffallen müssen und deswegen besondere Kleidung tragen wollen?« Ich kam mir auf einmal vor wie in der Schule.

»Genau«, sagte Groß-Papa. »Du sagst es. Deswegen brauchen sie Designer und Schneider. Und ich habe nicht immer fürs Theater gearbeitet.«

Dann hat Opa mir erzählt, dass er mal vor vielen Jahren für Tina Turner ein Kleid genäht hat, als sie in Deutschland auf Tournee war.

#WerIstTinaTurner 😖

Das hätte sich zufällig ergeben, weil es eine Panne mit einem Kostüm gegeben hat. Ein Freund von Opa hatte bei dem Konzert backstage gearbeitet und ihn angerufen.

»Ich habe das Kleid gerettet und ihren Auftritt. Dann hat sie aus Dank ein neues Kleid bei mir in Auftrag gegeben.« Opa sagte, die Frau war wohl so begeistert, dass sie es überall in Amerika herumerzählt hat. So kam es, dass Opa eine Weile für verschiedene Stars Kleider entworfen und geschneidert hat. Dazu wurde er extra in die USA eingeflogen. Später hat er dann auch für deutsche Stars gearbeitet. Und dann rückte er damit heraus, warum er mich über Katy ausgefragt hatte. »Nun ja, vielleicht kenne ich jemanden, der deine Katy Fairy kennt?«

Ich konnte es nicht fassen! Ich hätte das aufnehmen sollen. Mein Opa steckt so voller Überraschungen, das muss ich in meinem VLog unbedingt irgendwann mal einbauen. OMG, JAAA! Das wäre SO klasse! Das würde so gut zum Thema passen. EPISODEN aus seinem spannenden Schneiderleben in meinem eigenen YT-Channel. Ich meine, das ist so unglaublich. Welcher Großvater hat denn schon mal für Stars in den USA Kleider genäht? Das hat er mir tatsächlich einfach so nebenbei erzählt!

Und jetzt wollte er mir ernsthaft helfen, einen meiner größten Wünsche zu erfüllen? »Wie lieb du bist, Opa! Die Frau heißt aber PERRY, Katy Perry! Den Namen musst du dann aber draufhaben.«

Ich war auf einmal so aufgeregt. Mein Opa ist so cool. Natürlich wollte ich sofort alles wissen, welche Stars er noch kennengelernt hat. Tina ... ähm ... Dingsbums (wie hieß sie noch gleich?) kannte ich nicht. Da wollte ich noch googeln. Aber wer waren die anderen? Opa überlegte eine Weile und dann zählte er auf:

🌸 »Cher,

🌸 Donna Summer

🌸 und Diana Ross zum Beispiel.

🌸 Und in Deutschland waren es Katja Ebstein,

🌸 Mireille Mathieu

🌸 und Gitte.«

»Äh, Opa, von denen habe ich noch nie gehört! Die kennen doch nie im Leben Katy Perry!« Ich war enttäuscht. So lieb die Idee von Groß-Papa ist, ich glaube nicht, dass das echte Stars sind. Also heute noch. Und ich hab mich noch etwas ganz anderes gefragt. Warum hatte mein Opa so einen tollen Job aufgegeben und war Theaterschneider geworden? Aber das konnte ich ihn auch später noch mal fragen. Ich hab Opa erst mal für seine Idee fest gedrückt. Und dann hab ich versucht, ihm zu erklären, was ein YT-Channel ist.

»Ähm, ALSO ein YouTube-Channel ist ...« Ich überlegte, wie ich das am besten beschreiben sollte. »Hm ... Das ist so was wie ein eigener Fernsehkanal im Internet.«

»Ah«, sagte Opa. »Verstehe! Ich habe mir schon oft Videos

angeschaut, aber ich wusste nicht, dass die Leute eigene Kanäle haben.«

»Doch! Superviele haben einen. Und ich möchte auch einen haben und meine Entwürfe zeigen. Auch, wie ich die nähe und wie die Klamotten dann fertig aussehen.«

Mein Groß-Papa hörte aufmerksam zu und fragte auf einmal: »Warum?«

»Wie, warum? Um Abonnenten und Likes zu kriegen natürlich.« Als ich die Falten auf Opas Stirn gesehen habe, wusste ich, dass er wieder keine Ahnung hatte, wovon ich sprach. »Also«, sagte ich. »Andere Leute gucken sich das an und zeigen, dass sie mögen, was du da machst, und folgen dir.«

»Ja, ja, das ist mir klar«, sagte Opa schnell. »Aber für was soll das gut sein?«

»Wenn du dann viele – also zum Beispiel eine Million – Abonnenten hast, dann kannst du auch richtig viel Geld verdienen, aber das Wichtigste ist, du bist berühmt.« Ich stützte meine Hände auf die Hüften und posierte wie ein Star (oder ein bisschen wie Chiara). »Und ich will ja mal eine berühmte Designerin werden. Ich will irgendwann auch Kleider für Stars nähen. Und dazu muss man ja quasi selber ein Star werden. Deshalb will ich vorher bei einer der nächsten Newcomer-Challenges gewinnen.«

»Ich verstehe zwar nur die Hälfte, Enkeling, aber das hört sich ja schon richtig nach ernsthaften Zukunftsplänen an«, sagte Opa nachdenklich. »Du bist doch erst 12.«

»Fast 13!«, widersprach ich.

»Ja, aber auch das ist doch noch zu früh. Solltest du nicht erst mal Spaß im Leben haben?«

»Opa!« Ich verdrehte die Augen. Er klang gerade sehr nach meiner Mum. »DAS ist es doch gerade, was mir Spaß macht!«

»Okay!« Groß-Papa entspannte sich und nickte anerkennend. »Das ist ein Argument! Tja, dann wird dir Tessa eine gute Freundin dabei sein.«

»Mama reicht ein gutes Argument nie«, sagte ich plötzlich. Genau das unterscheidet meinen Opa von meiner Mutter. Immer fällt ihr noch etwas anderes »Bedenkliches« ein. Opa dagegen nimmt mich und das, was ich sage, gleich ernst. Deswegen ist er auch jemand GANZ Besonderes für mich.

»Wie meinst du das?« Groß-Papa wollte alles genau wissen. Deswegen habe ich ihm erzählt, dass sich Mama immer übertrieben viele Sorgen macht. Und dass ich das so ungerecht finde. Eben alles, was mir so auf dem Herzen drückt.

»Hm!« Opa hat nicht viel dazu gesagt. Nur, dass er sieht, wie seine Tochter sich fast zerreißt. »Sie will immer für alle und alles da sein. Ich wusste aber nicht, dass es so schlimm ist!«

Auch wenn er es nicht ausgesprochen hat, ich spürte, dass Opa mich versteht. Das war das Wichtigste für mich. Was hätte er auch tun sollen? Mama überreden? Wenn es um Social Media geht, da könnte der Papst persönlich kommen, da lässt meine Mutter ABSOLUT nicht mit sich reden. Deswegen beschloss ich einfach, meine Entwürfe zu holen.

Opa blätterte die Seiten meines dicken gelben Ordners so vorsichtig wie eine Bibel aus dem Mittelalter durch. Er war sehr konzentriert. Ich hörte die Luft knistern, so aufgeregt war ich.

Wie würde er sie finden? Gespannt beobachtete ich ihn. Keine seiner Bewegungen entging mir. Groß-Papa ließ sich Zeit. Er studierte jede Seite ganz gründlich. Einige meiner Zeichnungen fuhr er mit dem Finger nach. Er tauschte sogar seine Brille gegen seine Lesebrille, um auch die feinen Muster (dafür hatte ich Stunden gebraucht!) auf meinen Skizzen zu erkennen. Langsam regte sich etwas in seinem Gesicht. Er nickte und dann hob er den Kopf, wechselte wieder die Brillen und sah mich an.

»Wie sagst du immer, Enkeling? *Oha!*« Er lächelte. »Mehr kann ich erst mal nicht sagen. Ich bin sprachlos!«

Aber dann fand er doch ein paar Worte. Und was für welche! Opa sagte, dass er begeistert sei von meinen Ideen und meiner Kreativität. »Du hast ein sehr gutes Farbenverständnis und einen extravaganten Stil. Du verstehst sehr gut, was nähtechnisch geht und was nicht. Das hatte ich dir schon einmal gesagt, aber du hast dich noch einmal enorm gesteigert.«

YAY! Was mein Opa gerade sagte, war das wichtigste Zeugnis für mich, das ich je bekommen hatte. Und das allerbeste.

Ich meine, ich bin keine schlechte Schülerin, aber ich habe nicht nur Einser und Zweier wie Emir und Lea aus meiner Klasse. Da sind schon auch einige Dreier dabei. Letztes Mal auch eine Vier, und das Halbjahr davor war auch mal eine Fünf auf meinem Zeugnis. ÖHÖM! (Aber das war in Physik – das kann man ja wohl verstehen, oder?) Mein Groß-Papa, das muss man wissen, ist nämlich keiner, der Leute grundlos lobt. Auch nicht seine Tochter oder seine Enkelkinder. Deswegen fühlte ich mich durch seine Worte so, als sei ich ein echter Profi. Und das war das GRÖSSTE!

»Weißt du was, Opa? Diesen Moment müssen wir festhalten. Wir machen jetzt zusammen ein Selfie mit Tessa, ja?«

Noch bevor Groß-Papa sich dazu äußern konnte, legte ich meinen Arm um seine Schulter und streckte den anderen mit dem Handy in der Hand aus, um uns zu knipsen.

Aber dann überraschte mich mein Opa schon wieder.

»Was machst du denn da, Opa?«

»Nichts«, sagte er. »Ich ziehe nur eine Schnute. Das macht man doch heute so, oder?«

»Hä?«

»Ja, wie die Damen im Seniorentherapiezentrum, wo ich manchmal etwas repariere oder vorlese. Die fotografieren sich ständig so.«

Mein Groß-Papa hatte ein DUCKFACE gemacht! Das war so was von verrückt und sah so lustig aus. Ich habe dann einfach beschlossen, mich ihm anzuschließen und ihn lieber nicht aufzuklären. Diese Damen waren ja wirklich nicht up-to-date. Die wussten wohl nicht, dass Duckface längst out ist und heute alle den FISHGAPE machen. So wie Chiara immer.

#OpaKenntDuckface???! 😗

Also habe ich lieber gleich losgeknipst. KLICK. KLICK. KLICK.

74

»Hohoho!«, lachte Opa. Er fand unsere Fotos toll.

»Und was machst du nun damit?«

Ich zuckte die Achseln. »Ich hätte sie gern auf Instagram gepostet.«

»Und wieso machst du das nicht?«, fragte Opa und klang dabei so naiv wie Mila.

»Na, weil ich nicht darf. Frag doch mal Mama.«

»Ach, das Thema wieder!«, sagte Opa.

Na ja, immerhin darf ich ein Handy und einen Instagram- und sogar einen Musical.ly-Account haben. Ich erzählte Opa, dass ich Mama versprechen musste, nichts zu posten, worauf ich zu sehen bin. Nur über WhatsApp darf ich Mimi und anderen Freunden Bilder schicken. Also musste ich das nutzen und wenigstens Mimi jetzt unbedingt meinen Opa und Tessa zeigen.

»Darf ich denn meiner besten Freundin Mimi, eins von den Fotos schicken?«

»Klar«, sagte Opa, obwohl er Mimi gar nicht kennt. Mimi dagegen kennt meinen Groß-Papa schon gut. Weil ich ständig von ihm erzähle.

Dann ist mir plötzlich eingefallen, dass ich mit dem Foto auch gleich etwas über Tessa mitschicken könnte. Wenn schon, sollte Mimi einen richtigen Eindruck von Groß-Papas wertvollem Geschenk an mich bekommen. Tessa ist schließlich nicht irgendeine alte Nähmaschine.

»Opa?«, sagte ich. »Ich weiß, wir haben noch viel vor, aber kannst du schon mal was über Tessa erzählen? Wenigstens eines ihrer Abenteuer? … So kann ich es auch gleich Mimi senden und muss später nicht alles nacherzählen.«

Opa zuckte kurz die Schultern. »Na schön!« Er machte es sich auf seinem rostroten Ohrensessel bequem, legte die Beine übereinander und wollte gerade loslegen, da musste ich ihn unterbrechen.

»Moment, Moment, warte bitte kurz, Opa!« Ich musste ja noch schnell mein Handy vom Foto- in den Kamera-Modus umstellen.

Aber dann konnte Opa loslegen. Er atmete tief ein. GO!

⊙ »Also, das war wohl so. Tessa wurde 1832 in Landau geboren. Als neuestes und modernstes Modell ihrer Zeit war TESSA 1001 unter allen Meisterschneidern der Welt hochbegehrt. Sie hatte insgesamt nur 35 Schwestern. Es heißt, dass diese Tessa auf Bestellung eines der besten Hofschneider des Kaisers von China hergestellt wurde. Ziemlich bald nach der Fertigstellung wurde sie in einer edlen Zedernholzkiste verpackt und auf besonderen Wunsch hin auf die lange Reise über die alte Seidenstraße geschickt. Leider hat sie das Ziel nie erreicht ...«

Mein Groß-Papa erzählte erst ganz ruhig und besonnen. Aber dann wurde er immer lebhafter und es hörte sich richtig spannend an. Richtig professionell, wie im Fernsehen, sodass ich dachte, dass ich unbedingt ALLE Geschichten über Tessa aufnehmen und die später in meinem Video-Blog verwenden muss. Genauso wie seine Geschichten vom Theater und aus seinem Leben als Schneider. Ich ließ Opa in Ruhe zu Ende erzählen. Das war gar nicht so leicht, weil ich es kaum erwarten konnte, ihm von meiner Idee zu berichten.

▶ »… Tessa war in Indien statt in China gelandet. Dort wurde sie für den teuersten Sari im Land verwendet. Der Stoff war aus puren Goldfäden gewebt worden. Aber wie es dazu kam, darüber berichte ich euch beim nächsten Mal.«

»CUT!«, rief ich, als Opa mir lächelnd zunickte. »WOW! TOLL! MEGA-MEGACOOL!« Ich war so begeistert.

»Danke schön, hohohoho, danke schön! Nun, das schulde ich wohl den vielen Jahren beim Theater.« Groß-Papa stand auf und verbeugte sich. Ich glaube, er war selbst von sich überrascht. »Weißt du was, Enkeling?«

»Was denn?«, fragte ich ungeduldig. Ich war so aufgeregt und wollte endlich meine Idee loswerden.

»Ich habe soeben bei mir gedacht, ob ich nicht mehr mit der Zeit gehen sollte …?«

HÄ? Ich habe kein Wort verstanden. Mein Opa war doch cool und modern. Jedenfalls kannte ich keinen, der cooler war. Okay, er wusste nicht, wer Katy war, aber das musste man von einem Großvater auch nicht erwarten, fand ich. Aber dann hat er weitergesprochen und mir ging langsam ein Licht auf.

»… und ob es deine Mutter nicht vielleicht milder stimmen würde, wenn …«

Ich spürte, wie meine Augen größer wurden und gleichzeitig mein Herz schneller schlug. WAS? Was würde Opa jetzt vorschlagen?

»… wenn ich dich bei deinem Vorhaben auf YouTube begleite?«

»Begleiten? Wie meinst du das?«

»Na ja, ich könnte dabei sein, wenn du deine Videos drehst, und vielleicht könnte ich auch mal etwas erzählen. Schließlich habe ich ja schon einige Jahre auf dem Buckel und ...«

Ich presste beide Hände auf meine Lippen. Weil ich es einfach nicht glauben konnte. Das ging über Telepathie hinaus. Das war eher so eine Art Zauberschnur, die von Opas Herz zu meinem führt. Wir hatten die gleiche tolle Idee!

»Ich wollte dich genau das Gleiche fragen! Ob du mitmachen würdest. Ob du die Geschichte von Tessa und von deinem Leben für meinen YT-Kanal erzählen würdest!«

»Wirklich? Hohohoho! Das ist ja grandios!«

»Damit hätten wir alles festgehalten und deine Geschichten würden nie verloren gehen!«, sagte ich.

Opa nickte. »Allerdings brauche ich deine Hilfe, Greta. Ich muss da viel von dir lernen.«

Das war lustig. Mein Groß-Papa wollte von mir lernen. Aber es stimmte ja auch. Opa wusste nicht so viel über YouTube-Kanäle. Nur Videos angucken, das konnte ja jeder.

Aber das Beste an der Idee war, dass sie Mums Bedenken aushebeln würde. Denn was kann schon passieren, wenn mein Groß-Papa mit mir zusammen in den Videos erscheint? Oha! Da fiel mir ein, dass es nun vielleicht in diesem Jahr doch noch mit der Newcomer-Challenge klappen könnte?

Aber, ach ...! Wir durften uns nicht zu früh freuen. So schön die Idee auch war, Mama fällt immer etwas ein, an das ich noch nicht gedacht habe. Darauf mussten wir gefasst sein.

Ja, jedenfalls so sind Groß-Papa und ich auf die tolle Idee mit dem gemeinsamen YT-Channel gekommen. Und Tessa ist die ganz wichtige Sache, von der Mama noch nichts weiß. Ich muss mir unbedingt etwas einfallen lassen, wie ich ihr behutsam beibringe, dass meine Nähmaschine unbedingt mitkommen muss. Mum will jetzt ohnehin erst noch einkaufen fahren und Opa soll mitfahren. Zum Glück besteht sie nicht darauf, dass ich auch dabei sein soll. Nach dem Einkaufen will sie dann auch im Haus noch nach dem Rechten sehen. Bis dahin habe ich also ein wenig Zeit, mir etwas zu überlegen. Oder noch besser: Ich chatte mit Mimi und erzähle ihr davon. Mimi hat eigentlich immer die besten Ratschläge.

Kaum haben meine Mutter und Groß-Papa die Tür hinter sich geschlossen, schreibe ich Mimi von Tessa. Dann schicke ich ihr eines der Selfies und das Video, das ich von Opa aufgezeichnet habe.

> Das ist mein Opa. Und: TATATAAAA! Wie findest du Tessa?

> Ich glaub es nicht. Er macht ja ein Duckface! 👍 So ähnlich habe ich mir deinen Opa vorgestellt. Cool!

> Thx!

> Aber wer oder was ist Tessa?

> Meine neue, alte Nähmaschine. Warte, du bekommst gleich noch ein Video. Es lädt noch.

Ein paar Sekunden später kommt die große Datei bei Mimi an. Und dann dauert es noch eine Weile, bis sie antwortet. Obwohl ich weiß, dass sie sich das Video gerade anguckt, bin ich richtig ungeduldig und gehe in Opas Küche auf und ab.

Plötzlich piepst es wieder:

> Wow! Dein Opa macht das echt gut. Wie ein echter YT-Star! 👍 👍 👍 Und Tessa ist mega-nice! Sie gehört jetzt echt dir?

> Ja!

> 😍😍😍😍😍 Läuft bei dir!!! 👍 👍

Mimi ist von meinem Groß-Papa und von Tessa richtig hingerissen. Darauf schicke ich ihr 🖤 🖤 🖤 und ein 😘.

> Aber bitte sonst keinem zeigen. TOP SECRET!

Eigentlich völlig unnötig, dass ich das schreibe, weil das Mimi eh nie machen würde. Und weil sie unbedingt wissen will, ob es schon eine Fortsetzung gibt, muss ich sie erst aufklären, bevor ich ihr von Mama erzähle. Und davon, dass sie Opas Sachen, die er mir geschenkt hat, nicht mitnehmen will.

> Mum stresst total. Jetzt kommen immerhin die Kisten mit, aber ich muss ihr noch klarmachen, dass ich auch Tessa mitnehmen muss.

Hm.

Los Mimi, ich brauch deine Hilfe! Argumente, bitte!

Klare Sache!

Hä?

Zeig ihr das Video!

😞 ???

Das über Tessa ... von deinem Opa!

Wow ... echt schlaue Idee! Danke! Hdl!

Sie hat recht. Das Video wird meine Mutter bestimmt nicht kaltlassen.

»Also wirklich, Papa«, sagt Mum, nachdem sie vom Einkaufen zurück sind, der Wagen komplett ausgeräumt ist und auch sämtliche Wäsche gewaschen auf der Leine hängt. »Ich weiß gar nicht, wozu du den Sperrmülldienst überhaupt bestellt hast! Wir nehmen dein ganzes Atelier mit!«

Ich packe mit an und schleppe Kisten und Schachteln nach draußen zum Auto.

Mama meckert bei jeder Kiste:

 »Bin mal gespannt, wo du das alles unterbringen willst!«

✤ »Ich möchte kein Jammern hören, von wegen *Ich habe keinen Platz*!«

✤ »Und wehe, deine Schulleistung lässt nach, weil du wegen Platzmangel nicht lernen kannst!«

UNDSOWEITERUNDSOFORT…

✤ »Das kriege ich schon hin, Mama. Wirklich!«

✤ »Nein, Mama!«

✤ »Ganz bestimmt nicht, Mama!«

OH MANNOMANNOMANNOMANN!

Aber ich muss ganz locker bleiben, damit Mama auch ja nicht einfällt, ihre Meinung zu ändern. Das kann nämlich ganz schnell passieren, wenn sie etwas macht, womit sie eigentlich nicht wirklich einverstanden ist. Insgeheim hoffe ich deswegen, dass so viel wie möglich schon bei der ersten Ladung mitkommen kann. Wenn nämlich die Hälfte der Kisten zurückbleiben müsste, wäre das total DOOF!

Natürlich klopft mein Herz, weil ich ständig an Tessa denke und den richtigen Moment abwarte. Mama muss das Video unbedingt sehen, bevor der Wagen voll ist. Im Notfall werde ich Tessa einfach auf dem Schoß mitnehmen.

Als vor unserem Auto etwa acht Kisten und mehrere Schachteln stehen, werde ich unruhig. Ich greife in meine Hosentasche und ziehe mein Handy heraus. »Mama, ich muss dir unbedingt noch was zeigen!«

»Was?« Meine Mutter guckt irritiert. Als sie mein Handy sieht, verzieht sich ihr Gesicht, als würde ein Unwetter aufkommen. »Du willst mir jetzt etwas auf deinem Handy zeigen?!«

»Ja, ein Video.«

»Jetzt?!« Meine Mutter macht wieder den Koboldmaki. »Manchmal zweifle ich daran, dass du schon fast 13 bist. Was machen wir gerade hier, Fräulein? Däumchen drehen oder vielleicht einen Sonntagsbrunch?« *#ChillMalMama* 😳

»Das ist echt etwas GANZ Besonderes. Glaub mir, das musst du jetzt sehen. JETZT! Bitte!«

Und noch bevor meine Mutter meckern oder einen anderen strengen Spruch loswerden kann, lasse ich das Video laufen.

Als Mum Opas Stimme hört, klappt ihr schimpfbereiter Mund zu. Neugierig reckt sie den Kopf. »Papa?! Was ist das?«

»Psst!« Ich lege den Zeigefinger auf meine Lippen und deute an, dass sie erst mal zu Ende hören soll.

»Oh!« Mama scheint beeindruckt zu sein. »Papa! Das hört sich aber sehr professionell an. Hast du das aufgenommen, Greta?«

»Hmhm.« Das soll »Ja« heißen. Und ich gebe zu, es ist ein »Ja« mit einer großen Portion Stolz. Ich meine, nicht wegen der Aufnahme. Das hätte jeder hingekriegt. Eher wegen meiner Idee.

»Nicht schlecht«, lobt mich meine Mutter. »Und ihr wollt noch mehr Videos davon machen?«

»Ja, weil die Geschichte über Tessa noch weitergeht. Die will Opa mir erzählen, und ich werde alles aufzeichnen.«

»Ja, die Tessa!«, sagt meine Mutter. »Die hatte ich völlig vergessen. Wo ist sie denn eigentlich?«

Opa grinst. »Komm mit!« Er öffnet die Tür zu seinem Schlafzimmer. Dort hat er sie wohl hingeschleppt,

piks piks piks piks piks piks piks piks

nachdem meine Mum angefangen hat, sich wegen der Kisten anzustellen.

Als Mama sie sieht, ist sie ganz ergriffen. Sie streicht bedächtig über das Handrad der Nähmaschine. Dann legt sie ihren Fuß auf das Pedal und lässt ihn mit einem Druck hin und her wippen. Das bringt die Maschine zum Laufen. Natürlich im Leerlauf, weil kein Faden eingespannt ist.

»Mmmm«, sagt Mama und schließt die Augen. »Du hast sie repariert. Ich liebe dieses Rattern. Das erinnert mich an früher.«

»Hast du denn auch zu Hause genäht?«, frage ich Opa.

»Immer!«, sagt er. »Was ich im Theater nicht geschafft habe, habe ich zu Hause fertig genäht.«

»Ja, bis spät nachts«, sagt meine Mutter. »Ich fand es immer unheimlich beruhigend, wenn ich das Rattern gehört habe. Dann wusste ich, Papa ist da, und ich konnte besser einschlafen.«

Plötzlich haben Mama und mein Groß-Papa denselben Ausdruck im Gesicht: BREIT GRINSEND, GLÜCKSELIG, ein bisschen wie diese Buddha-Figuren, die man zur Zeit überall in Kaufhäusern oder Möbelgeschäften kaufen kann.

»Ähm ...«, sage ich vorsichtig. »Und weißt du was, Mama?«

»Hm?«

»Das kannst du alles wiederhaben, weißt du?!«

»Wiederhaben?« Meine Mum ist immer noch in Gedanken versunken.

»Na ja, zumindest das Geräusch und die Erinnerungen und so.«

Erst langsam löst sie ihren Blick von Tessa und sieht mich an. »Wie meinst du das?«, fragt sie argwöhnisch.

»Ähäm, also, Tessa gehört jetzt AUCH mir …«

Meine Mutter öffnet den Mund, aber ich bin schneller und rede einfach weiter. »Ja, und das ist einfach MEGA, weißt du, weil ich jetzt auch ein Teil dieser Geschichte bin, und Tessa ist ja auch so etwas wie ein Schatz, den ich von Opa geerbt habe.«

»Na, na …« Opa schreitet ein. »Tot bin ich noch nicht.«

»Neeeeein, natürlich nicht, Opa. Ich meine es ja auch nicht so.«

»Du trittst mein Erbe an … Das willst du, glaube ich, sagen«, sagt Groß-Papa und wendet sich gleich an Mum. »Iris, das solltest du ihr nicht verwehren. Du weißt, wie wertvoll Tessa ist. Und sie wird Greta ein großes Stück voranbringen. Besser noch, sie wird sie ein Leben lang begleiten … Wenn Greta es denn möchte.«

»Natürlich möchte ich!«, rufe ich. »Bitte, Mama!«

Meine Mutter atmet tief ein und aus. Das ist ein Okay-ich-ergebe-mich-Atmen. Ich sehe, wie ihr Brustkorb sich weitet und dann wieder zusammenzieht. Sie nickt. »Gut!«

Ich weiß ganz genau, dass jetzt ein »Aber« folgen wird, deshalb falle ich ihr schnell um den Hals und gebe ihr mindestens fünf Küsse. »Ihr seid einfach die Besten!«

»Es ist wirklich eine tolle Idee«, sagt meine Mutter, als wir etwas später alle drei zusammen Tessa nach draußen zum Auto tragen. »Ich meine, dass ihr Tessas Abenteuer aufzeichnen wollt.«

»Finde ich auch«, sagt Opa. »Und ich habe einiges mit ihr erlebt!«

Mama sagt, dass sie sich nur noch an wenige Geschichten erinnert und dass sie sich deswegen schon darauf freut, alle Folgen anzugucken.

»Und was möchtest du mit den Videos machen?«, fragt sie mich auf einmal.

»OOOOCH … nichts weiter«, sage ich schnell. Ob meine Mum vielleicht was ahnt? »Ich will nur, dass Tessas Abenteuer nicht verloren gehen.« Mum nickt. »Als Dokumentation, verstehe.«

»Und ich möchte sie noch Mimi schicken, weil sie so neugierig darauf ist.«

Den ganzen Rest erzähle ich jetzt sicher nicht! Manchmal sollte man sein Glück nämlich nicht überstrapazieren. Das sagt jedenfalls mein Opa immer. Und was meine Mum angeht, glaube ich, hat er ECHT recht.

Family plus eins oder doch nicht so einfach?

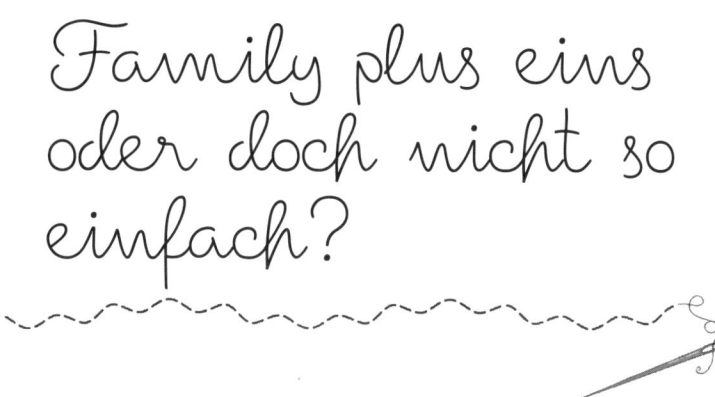

Seite 32, Nr. 2) Frau Schneider benötigt für Näharbeiten 4 ¼ m roten, 3 ½ m blauen und 1 ¼ m grünen Stoff. Wie viel Stoff kauft sie insgesamt ein?

WHAT?! Schlimm genug, dass ich mich nicht konzentrieren kann, jetzt kommt auch noch so eine Aufgabe! Ich weiß echt nicht, ob ich lachen oder weinen soll. Ich kann doch eh an nichts anderes denken als an meine Stoffe, und nun handelt auch noch die Matheaufgabe davon! Und dann noch diese blöde Bruchrechnung! Am liebsten würde ich die Hausaufgaben abbrechen und in meinen Kisten stöbern. Außerdem muss ich unbedingt einen schönen Platz für Tessa finden. Und mir Gedanken über die gemeinsamen Videos mit Opa machen. Vielleicht überzeugen sie Mum dann ja doch, sodass ich noch am Newcomer-Wettbewerb teilnehmen kann. Der Einsendeschluss ist aber schon in fast drei Monaten! Ach Mann!

Draußen stürmt es und es klingt, als würden tausende Eimer gleichzeitig ausgeschüttet werden. Wenigstens ist das

Wetter auf meiner Seite. Dass ich heute den ganzen Tag lernen, Hausaufgaben machen und auch noch mein Referat fertig schreiben muss, ist voll DOOF. Noch doofer wäre es, wenn die Sonne wie in den letzten Wochen durchgehend scheinen würde, während ich zu Hause hocken müsste.

#MathehausaufgabenNerven 😖

Aber ich habe es meiner Mum nun mal hoch und heilig versprochen. Nicht einmal eine kleine Schachtel durfte ich bisher auspacken. Dabei kribbelt es mich im Bauch, wenn ich an den Inhalt denke! Und morgen muss ich in die Schule und ich werde erst am Nachmittag Zeit für die wirklich schönen Dinge in meinem Leben haben.

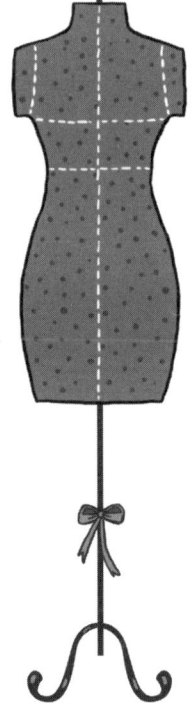

Immer wieder muss ich rüberschielen. Opas Kisten stehen aufeinandergestapelt rechts von meinem Schreibtisch an meiner Posterwand. SORRY, KATY! Du bist jetzt leider eine Weile unsichtbar. Okay, und ein bisschen eingequetscht. Es ist jetzt wirklich eng hier in meinem Zimmer geworden, aber ich fühle mich trotzdem wohl.

Am Ende waren es VIERZEHN Umzugskisten, acht Schachteln und mehrere Tragetaschen. Mama und ich sind gestern insgesamt DREI Mal unsere Opa-Strecke hin- und hergefahren. Das war so cool von Mama! Mila wollte unbedingt mitfahren. Sie hat richtig geheult, weil wir sie nicht mitnehmen konnten. Und es war echt schwierig, sie zu beruhigen. Der Weg zu Groß-Papa wäre ja gegangen, aber wir mussten für die Rückfahrt die Rücksitze umkippen, um den Gepäckraum zu vergrößern.

Eigentlich habe ich die meiste Zeit unterwegs geschlafen, aber einmal hatte ich eine wirklich schöne Unterhaltung mit meiner Mum. Es war eine von der Sorte, die man, glaube ich, selten im Leben hat. Ich weiß nicht, warum ich das sage, aber ich fühle, dass das so ist.

Mama war komischerweise ausgelassen, fast fröhlich. Außerdem hat sie mir beim Vorbeifahren die Orte ihrer Kindheit gezeigt. Das hat sie zwar schon so oft gemacht, aber trotzdem ist es immer sehr spannend und ich liebe das. Ich muss dann immer an Mamas Fotos von früher denken. Vor allem an das mit dem Zylinder.

Mama hat von ihren Freunden von damals gesprochen und dann hat sie mir erzählt, dass sie auch mal einen großen Traum hatte. Sie wollte immer Schriftstellerin werden. Aber als sie während des Studiums meinen Vater kennengelernt hat, sei alles ganz anders gekommen.

Dass Mama immer schon ein Bücherwurm gewesen ist, wusste ich, aber von ihrem Lebenstraum habe ich zum ersten Mal gehört. Mama als Schriftstellerin. Wie COOL! Sie sagte, dass sie mich deswegen auch sehr gut verstehen könnte und hinter mir stehen würde. Nur müsste ich eben auch Verständnis haben und so weiter.

»Ja, aber Mama, wann darf ich denn dann einen YouTube-Kanal haben? Das ist doch wichtig für meine Zukunft als Designerin.«

»Ach, Greta! Nicht das Thema schon wieder!«

»Warum? Es kann doch nichts passieren! Du kannst dir ja alle Videos vorher angucken.«

Mama schwieg. War das gut oder nicht? Ich beobachtete sie von der Seite. Sie schien zu überlegen.

»Mama?«

»Nein, Greta. Egal, ob ich mir sie vorher ansehe. Es geht ja darum, wer sich die Videos sonst noch ansieht. Und wer dir dann alles schreiben kann. Was man da so alles hört … Nein.«

ACH MANN! Dabei war ich mir fast sicher gewesen, Mama schon so weit überzeugt zu haben, dass sie wenigstens darüber nachdenken wollte.

In meinem Kopf ging es hin und her. Ich suchte gerade nach einer Möglichkeit, ihr vielleicht doch von Opas und meinen Plänen zu erzählen. Ich hatte ihr schon oft Mimis, sogar Chiaras und andere Videos gezeigt und ihr erklärt, dass ihnen nie etwas passiert ist. Nie hat ein seltsamer Typ oder ein Erwachsener sie belästigt. Und mit meinem Groß-Papa zusammen, da konnte doch erst recht nichts passieren!

Mama redete einfach weiter, als hätten wir nie über das YT-Thema gesprochen, und mein Kopf war einfach nicht schnell genug, die passenden Worte zu finden. Irgendwann kam sie dann auf meinen Opa zu sprechen. Sie sagte, dass es verständlich ist, wenn er mit dem Haus nicht mehr alleine klarkommt. Und auch, dass sie sich schuldig fühlen würde, weil sie ihn zu lange vernachlässigt hätte. »Aber …« Plötzlich wurde sie nachdenklich. »Er war diesmal so anders als sonst.«

»Wie meinst du das?«, fragte ich, während ich weiter überlegte, wie ich ihr bloß Opas und meine Pläne beibringen könnte, ohne dass sie dann alles komplett zunichtemachen würde.

»Hm … Ich glaube, dein Opa will grundsätzlich neu anfangen«, sagte Mama. »Ich meine, ich verstehe ihn ja …«

Moment mal, neu anfangen? »Wie, du verstehst ihn?«, platzte ich heraus. Denn da kam mir plötzlich ein ganz anderer Gedanke dazwischen, den ich schon fast wieder verdrängt hatte. Irgendwie war ich mir sicher, dass sie mit »neu anfangen« nur eine Sache meinen konnte: »Sag bloß, du kannst die Frau Grohs leiden?«

»Wieso denn Frau Grohs?«, fragte meine Mutter. Sie klang irritiert. »Wie kommst du jetzt auf die?«

»Na ja, wegen ihrem Besuch und ihren Blu… Blumen im Garten«, stotterte ich, und obwohl ich ab sofort gerne geschwiegen hätte, flutschten mir die Wörter nur so aus dem Mund. »Die, die Opa in den Garten gepflanzt hat.«

»Wie bitte?! In Mamas Garten? Da hat er doch nicht die kleinste Änderung zugelassen.« Mum kniff die Augen zusammen. »Greta, was willst du mir eigentlich damit sagen?« Sie setzte den Blinker und nach einem kurzen Blick über die Schulter überholte sie einen langsamen Laster vor uns. »Du meinst doch nicht etwa, dass Papa mit dieser Nachbarin zusammen ist?« Mama klang total entsetzt. »Hat er das gesagt?«

»Nein!«, wehrte ich mich. Oh, oh, dass ging jetzt aber in keine gute Richtung.

»Also, wenn das stimmt«, dachte Mum laut nach, »dann passt das ganz gut zu den Verkaufsplänen von Papa. Vielleicht steckt ja sogar sie dahinter?!«

AUWEIA! Mama klang jetzt richtig sauer – und irgendwie auch traurig. Hoffentlich kriegt sie keinen Anfall, dachte ich. Ich musste das sofort wieder gradebiegen.

»Nein, Mama! Opa hat gar nichts dazu gesagt. Ich dachte nur, dass die Frau auf Opa abfährt. Weil, weil sie ja gar nicht mehr gehen wollte und so …«

Ich weiß, das hörte sich nicht sehr überzeugend an. Meine Mum fiel in nachdenkliches Schweigen. Ich sah zu ihr hinüber. Sie kaute auf ihren Lippen und versuchte, sich auf den Verkehr zu konzentrieren. Plötzlich rollten Tränen über ihr Gesicht und tropften auf den unteren Rand des Lenkrads.

#WasHabeIchBloßAngestellt 😵

»Mama!«

»Er darf das Haus auf keinen Fall verkaufen!« Sie schüttelte merkwürdig langsam den Kopf, wie in Zeitlupe. »Mama ist weg, jetzt soll das Haus weg …« Der Abstand der Tropfen wurde kürzer, sie kullerten immer schneller aus Mums Augen.

MAMA! »Wein doch nicht!« Mit zitternden Händen öffnete ich das Handschuhfach und kramte ein Taschentuch heraus.

»Danke!«, schniefte meine Mum und putzte sich ziemlich umständlich und geräuschvoll die Nase. »Weißt du, es ist das Haus meiner Kindheit, dort sind all meine Erinnerungen …« Sie hustete und holte tief Luft. Und es tröstete sie gerade gar nicht, dass wir mit Tessa jetzt ein bisschen von ihrer Kindheit mit nach Hause brachten. Mit belegter Stimme erzählte sie mir dann von der Atmosphäre in den Zimmern, in der Küche, im Garten. Von Düften und Spuren ihrer Mutter und davon, dass diese Vergangenheit mit einem Verkauf für immer verschwinden würde.

Und dass sie Oma so sehr vermisse.

Zum ersten Mal in meinem Leben wurde mir klar, dass in Mama auch noch ein Kind steckt, das einfach nur erwachsen geworden ist. Ich hatte keine Ahnung, was ich tun sollte, also legte ich ihr von der Seite den Arm um die Schulter.

Dann ist mir etwas eingefallen, was Groß-Papa mir noch vor einigen Stunden über seine Erinnerungen an Oma gesagt hatte. Und als ich Mama davon erzählt habe, hat sie so ganz still gelächelt.

»Wenn auch nichts mehr von ihr übrig ist, dann bleibt sie trotzdem für immer bei uns, hier und hier.« Dabei habe ich genau wie Opa erst auf meinen Kopf gezeigt und dann meine Hand auf mein Herz gelegt. (Opa ist mein Held!)

#LoveMyFamily 🖤

Ich atme tief durch. Ich muss mich zusammenreißen und mich wieder den Hausaufgaben widmen. Schniefend greife ich wieder nach meinem Bleistift.

#IchVermisseMeineOmaAuchSo ✿ ∞

OKAY! Gerade will ich die Brüche in der Matheaufgabe in Meter umrechnen, da reißt mich ein Lärmgewitter vom Flur her wieder raus. Meine Mutter und mein pubertierender Bruder diskutieren. Lautstark und mit seltsamen Quietschgeräuschen, die direkt Lukas Kehle entweichen.

#IchFordereStreitverbotFürJungsImStimmbruch 🙎

Dazwischen weint und schreit Mila. Lass mich raten: Sie will etwas haben, was sie nicht bekommt. HEY! KANN MAN

KORDEL

DENN NICHT MAL IN RUHE LERNEN?! Die Worte formieren sich gerade in meinem Mund, da höre ich in dem Stimmengemenge eine fremde Stimme heraus. Obwohl … so fremd ist sie gar nicht, aber sie gehört nicht in unsere Wohnung! Sie ist weiblich und … Moment mal!

Ich stehe auf und gehe auf Zehenspitzen zur Zimmertür.

»Ich bitte dich doch nur, eine halbe Stunde aufzupassen.«

»Mama!«, quiekt Luka. »Ich habe vorgestern und gestern den ganzen Tag aufgepasst. Soll doch Greta mal!«

BOAH! Dieser Gargamel! Es geht um Mila! Nur, weil er einmal übernehmen musste! Ich bin es doch, die sich sonst IMMER um Mila kümmert. Am liebsten würde ich hinausstürzen und Luka die Meinung sagen. Aber ich lasse es lieber. Ich will wissen, wer da noch vor meiner Tür steht.

Zum Glück ist Mum diesmal auf meiner Seite. Aber nur, weil ich das Referat fertig schreiben muss.

»Greta muss lernen!«

»Und ich habe Besuch!«, sagt mein Bruder.

Besuch? LUKA HAT BESUCH?! Ein Mädchen? OMG! Ich kann es nicht fassen. Mein Mädchenhasserbruder hat eine Freundin? Wie geht das denn? Was habe ich verpasst? Wenn seine Kumpels da sind, höre ich immer nur so Dinge wie »Mädchen sind so doof«, »Zickenterror« und so. Und jetzt das! Wer kann das bloß sein? Ich platze gleich vor Neugierde.

#JungsSindSelberDoof 😜

»Ich will mitgeeeehn!«, weint Mila. »Luka zpielt nicht mit mieeer!«

»Kein Problem!« DA! Da ist diese Stimme wieder. »Ich spiele mit dir!«, sagt sie zu Mila. »Wir können doch zusammen auf Mila aufpassen, Luka!«

Und auf einmal ist Mila still, Luka quietscht nicht mehr und Mama sagt: »Oh, wirklich? Das ist aber lieb … Ich beeile mich auch. Vielleicht bin ich sogar schon in zwanzig Minuten wieder hier.«

Das kann doch nicht die … OMG. Ich stürme aus meinem Zimmer. Oh nein …

»Hi, Greta!«

»Hi …« Ich schlucke, muss auf einmal husten. »Ju… öhö-höm… Ju… lie!«

Ich sehe zu Luka. Der versteckt sein Gesicht hinter seinem überlangen Pony. Er steht da, wie er die meiste Zeit herumsteht: als würde er an einem Kleiderhaken hängen. Er hat immer beide Hände in der Hosentasche. Die Achseln zieht er hoch bis fast zu seinen Ohren und seinen Kopf hält er immer etwas schief. Ein bisschen so, als würde sein schräger Pony ihn durch die Schwerkraft zur Seite und nach unten ziehen. Dabei schaut er einen immer durch die Haare hindurch und von unten an. Bei seiner Länge wirkt Luka immer so, als dürfe er nicht aufrecht stehen, weil er sonst an die Decke knallt. Okay, er und seine Freunde finden die Haltung cool. Offensichtlich auch meine Klassenkameradin JULIE! Aber ich finde es nur peinlich.

»Ihr kennt euch?«, fragt Mum.

»Oh ja, natürlich!« Dabei lächelt Julie so selig wie der Engel, der bei meiner Mum über der Schlafzimmerkommode hängt. »Wir gehen doch in dieselbe Klasse.«

Während sie das sagt, schwenkt sie fast wie in Zeitlupe den Kopf zu mir, ohne die Mimik zu verändern. Ich versuche das Lächeln zu erwidern, denn immerhin ist sie bei uns zu Gast.

Aber ich bin immer noch total benommen. Ich kann nicht glauben, dass das gerade passiert. Julie (ein Chiara-Klon) und MEIN Bruder! AUSGERECHNET!

Außerdem kann ich mich auch nicht plötzlich verstellen. Schließlich ist sie eine von Chiaras besten Freundinnen! Deswegen – SORRY – wird aus meinem »Lächeln« auch nicht mehr als ein kurzes Zucken beider Mundwinkel.

»Oh«, sagt meine Mutter. »Wie schön!« Sie schnappt sich ihre Tasche und den Schirm. Dann sieht sie in den Spiegel und zieht ihren strengen Pferdeschwanz noch fester. Meine Augen krallen sich an meiner Mutter fest.

Was soll ich bloß zu Julie sagen, wenn sie weg ist?

Mum bedankt sich noch mal bei Julie für ihre Hilfsbereitschaft, mich ermahnt sie, mein Referat nicht zu vergessen, und dann bekommt jeder von uns – auch JULIE (!!!) – einen Kuss. »Ich bin so schnell wie möglich wieder da!«

#TräumIchOderWasIstLos zzZ

Ich starre angestrengt zur Tür, hinter der meine Mutter gerade verschwunden ist, da schiebt sie sie plötzlich wieder auf: »Apropos Referat!«, sagt sie nachdenklich. »Dann musst du das ja auch noch schreiben, oder, Julie?«

»Ach, wir machen das in der Gruppe. Ich habe meinen Teil schon fertig geschrieben.« Während Julie das sagt, blinzelt sie mindestens fünfmal hintereinander. Dabei wickelt sie eine dunkelblonde Lockensträhne um den Finger, bis fast nach oben zum Haaransatz.

»Wow! Fleißig!« Meine Mutter ist so was von beeindruckt. Sie wirft mir schnell noch einen VIELSAGENDEN Blick zu. Und dann ist Mum weg und wir stehen da.

Luka, der die ganze Zeit seine Haltung nicht geändert hat, wendet den Kopf zu seiner Flamme. Ich kann Julie nicht angucken. Irgendwie ist die ganze Situation gerade total unwirklich. Das wird Mimi mir NIE glauben!

Die peinliche Stille wird durch Mila beendet. Sie hat sich aus ihrem Zimmer den gelben Kran (ihr momentanes Lieblingsspielzeug) geschnappt und zieht jetzt an Julies Hand: »Komm, zpielen!« Dabei funkeln ihre blauen Murmelaugen vor Freude.

»Oh, ja … Ähm … okay. Kommst du, Luka?«

Und dann bewegen sie sich zu dritt in Richtung Wohnzimmer. Unterwegs hebt Luka Mila hoch und nimmt sie auf den Arm. Milas sonnengelbe Löckchen wippen im Rhythmus von Lukas Schritten.

»Ja, also, man sieht sich«, sagt Julie zu mir.

»Greta muz lernen«, sagt Mila und winkt mir zu. Irgendwie fühle ich mich plötzlich wie ein Außenseiter.

#WasIstHierGeradePassiert 😔

Miss Trau-ich-nicht

Okay. EIGENTLICH darf ich während der Hausaufgaben nicht telefonieren, aber das ist ja wohl mal eine echte Ausnahmesituation. Es klingelt ewig! Mimi lässt sich Zeit. Geh doch ran, bitte!

Endlich macht es Klick. »Hi, Greta!«

»Mimi! Du glaubst nicht, wer gerade hier ist!«

»Wer denn? Dein Opa?«

»Neiiiin!«

»Katy Perry?«

»Mimi!« Ich habe keine Zeit für Späße. »Luka hat eine Freundin!«

»WAAS? ... Wow! Aber wieso flüsterst du?«

»Du wirst nie darauf kommen, wer es ist!«

»Hä, wieso? Von unserer Schule?«

»Rate mal!« Okay, ich gebe zu, das ist etwas fies. Wo ich doch weiß, wie neugierig Mimi ist.

»Keine Ahnung. Du sagst doch, dass ich es nie erraten könnte. Los, sag schon!«

»Also, sitzt du?«, sage ich. Schließlich will ich nicht verantwortlich sein, wenn Mimi umkippt und sich auch noch stößt oder so.

»Jaahaaa«, sagt Mimi ungeduldig.

»Pass auf …« Ich hole Luft.

»Jetzt mach's doch nicht so spannend!«, stöhnt Mimi.

»Na gut, also … Es ist … es ist: J.U.L.I.E!«

Stille! Ich glaube, Mimi ist vom Stuhl gekippt.

»Mimi? Bist du noch da? Was ist los?«

»Oh. Mein. Gott.« Mimi betont jedes Wort einzeln. »Und sie ist jetzt bei euch?«

»Ja!«

»Erzähl!«

»Das ist es ja, ich weiß nichts. Ich habe es gerade erst erfahren.«

»Und was hat sie gesagt?«

»Na, sie so: Hi, Greta. Und ich so: Hi … Ju… Julie! Ich war so was von schockiert. Aber sie war so locker drauf, als wären wir die besten Freunde. Dann hat sie meiner Mutter auch noch gesagt, dass sie ihr Referat längst fertig hat. Den Blick von meiner Mum kannst du dir ja vorstellen.«

»Wie frech. Dass die es wagt, zu euch zu kommen. Aber sonst lästern und kichern, wenn Chiara dir ›GSMC‹ hinterherruft!« Ich kann hören, dass Mimi genauso fassungslos ist wie ich. Wir schweigen. Dann sagt Mimi: »Und jetzt?«

»KEINE AHNUNG. Sie und Luka passen auf Mila auf. Mama ist weg und ich soll lernen. Wie soll ich mich denn jetzt noch konzentrieren?«

»Was ich nicht kapiere«, sagt Mimi. »Wann ist das mit deinem Bruder denn passiert?«

»Genau das frage ich mich auch!«

Ich habe absolut nichts davon mitbekom-

men. In den Pausen ist Julie doch immer mit Chiaras Clique zusammen, und wenn die sonst nichts Besseres zu tun haben, dann sind sie damit beschäftigt, mich zu dissen.

»Geh doch mal gucken«, schlägt Mimi vor.

Mimi ist lustig. Wie stellt sie sich das vor? Dass ich mich vor Julie und Luka stelle und sage: »Hi, wollte mal sehen, was ihr so macht?«

»Na, dann tu halt so, als ob du aufs Klo musst.«

Okay, das ist nicht schlecht. Das kann ich machen. Mimi sagt, dass ich sie danach sofort wieder anrufen soll.

»Okay!«, sage ich. »Versprochen!«

In dem Moment klopft es an der Tür. Und ohne dass ich sie hereinbitte, kommt Julie in mein Zimmer. »Versprochen?«, wiederholt sie. »Was denn?«

HÄ?

#WasMachtDieDennHier 😳

»Hast du etwa gelauscht?«

»Quatsch«, sagt sie. »Ich wollte mal fragen, wie's so läuft.« Und dann grinst sie frech. »Klang aber gerade nicht so, als hättest du dein Referat geschrieben.«

»Doch«, sage ich. »Ich musste nur Mimi deswegen was fragen.«

»Ach, die Mimi. Hättest ja auch mich fragen können.«

#BinIchImFalschenFilm 😵

Ich zucke mit den Schultern. Was soll ich dazu sagen?

Aber Julie ist schneller. Sie wechselt das Thema: »Wieso heißt sie eigentlich so?«

»Wer?«

»Na, Mimi. Wollte ich schon immer mal wissen. Wovon soll das denn die Abkürzung sein?«

»Von nichts. Sie heißt einfach Mimi.« Das nervt. Julie weiß das ganz genau, weil Mimi das von jedem neuen Lehrer gefragt wird.

Julie sieht sich um. »Ziehst du um?« Sie zeigt auf die Kisten.

»Nö.« Und weil das peinliche Schweigen noch blöder ist, als mit ihr zu reden, sage ich, dass das Stoffe sind, die ich von meinem Opa bekommen habe.

»Oh, stimmt«, sagt Julie und stellt sich dumm. »Du nähst deine Klamotten ja selbst. Darf ich?« Und noch bevor ich ihr antworten kann, hat sie auch schon den Deckel der Kiste, die ihr am nächsten ist, aufgeklappt. ÄH, HALLO?! Sie hat zwar offenbar gelernt, dass man fragen muss, bevor man ein fremdes Zimmer betritt oder Sachen von anderen begrapscht, aber wohl noch nie etwas davon gehört, dass man auch eine Antwort abwarten muss!

»Hey!«, sagt sie. »Das ist ja cool. Seide!« Und schwupp stecken ihre Hände schon in der nächsten Kiste. »Samt, oder?«

Okay, das haut mich jetzt um. Sie kann Stoffarten unterscheiden?

»Ja!«, antworte ich knapp und gleichzeitig total genervt. Ich beobachte Julie ganz genau.

»Wow! Die sind ja so was von schön!«, sagt der Chiara-Klon. »Weißt du schon, was du daraus nähen willst?«

»Ja. Meine Entwürfe.« Ohne es zu wollen, fällt mein Blick bei dem Wort »Entwürfe« auf das Regal mit dem dicken gelben Ordner, in dem ich all meine Zeichnungen sammele.

»Echt jetzt? Du machst so richtige Entwürfe? Also selbst?«
Julie macht einen Schritt in Richtung Regal, aber ich stelle mich schnell davor. »Toll!«, sagt Julie und bleibt stehen. »Die musst du mir unbedingt mal zeigen. Find ich echt cool.«

WHAT?

Ganz ehrlich? Einen Augenblick lang denke ich, dass das nicht Julie sein kann. Entweder hat sie eine Zwillingsschwester oder sie ist wirklich ein Klon, nämlich von sich selbst. Und genau jetzt kann ich auch nicht mehr still sein und hake nach: »Was genau findest du denn cool?«

»Na ... na, deine Entwürfe. Ich meine, dass ... dass du das kannst und so.« Auf einmal wird der Wessen-auch-immer-Klon ganz leise. »Das Nähen. Deine Klamotten, also, dass du das machst halt.«

OHA. ALLE MAL MITSCHREIBEN! Sie hat gesagt, sie findet meine Klamotten cool! Das hätte jetzt mal Chiara hören sollen. Schade, dass ich das nicht aufgenommen habe.

»Aha!«, sage ich. Mehr nicht. Mag sein, dass Julie jetzt eigentlich einen Kniefall oder zumindest ein Dankeschön erwartet hat. PECH!

»Tja, ähm ...« Meine liebe Klassenkameradin weiß, glaube ich, gerade nicht, was sie mit ihren Händen anfangen und was sie sagen soll. Aber das dauert nicht lange. Im nächsten Augenblick hat sie nämlich Tessa entdeckt.

»Die ist ja mega!«, sagt Julie. »Nähst du etwa damit?«
Ich nicke, obwohl das ja nicht stimmt. NOCH NICHT.

Aber mal ehrlich, ich kann Julies plötzliches Interesse an meinem Hobby gar nicht einordnen. Soll das etwa ein Verhör werden? Plötzlich bekomme ich so ein komisches Gefühl in der Magengrube und es wird mir direkt schlecht. Ist sie vielleicht als Spion von Chiara hier?

»Wie alt ist die Nähmaschine denn?«

»Die ist von Achtzehnhundertirgendwas«, sage ich schnell. Ich will, dass Julie jetzt geht. Diese ganze Freundlichkeit nehme ich ihr nicht ab.

»Schulie! Wo bizt du?!« Mila kommt atemlos in mein Zimmer. »Zpielzt du noch weiter mit mieer?«

»Ach, hier bist du!« Meine Mutter ist auch wieder da. Sie strahlt Julie an, und als ihr Blick auf mich fällt, friert ihr Lächeln ein. »Fertig?«

»Nein«, sage ich. »Du warst doch gerade mal eine halbe Stunde weg.«

»Oh! Keine Sorge.« Julie mischt sich ein. »Ich habe Greta gerade geholfen«, sagt sie.

Mamas Gesichtsausdruck entspannt sich. »Wie nett von dir.«

Meine Gesichtsmuskulatur verkrampft sich dafür umso mehr. Ich meine, Julie ist in mein Zimmer geplatzt und jetzt hat sie sich mit der Lüge auch noch beliebt gemacht. Und ich stehe so da, als könnte ich meine Aufgaben nicht ohne Hilfe schaffen. Und wenn ich sage, dass das gar nicht stimmt, verrät sie bestimmt, dass ich mit Mimi telefoniert habe.

»Komm!« Mila zieht Julie an der Hand.

»Luka vermisst dich!«, sagt Mum zwinkernd und macht Andeutungen, dass sie die Tür schließen will, um mich wieder allein zu lassen. Beim Gehen grinst Julie mir ins Gesicht: »Ciao!«

Ich bin platt. Und weil ich es versprochen habe, schreibe ich Mimi nur kurz, was passiert ist. Ohne anzurufen. Auch wenn sie meckert.

Aber ich brauche ja kaum zu erwähnen, wie meine Mum reagieren würde, wenn sie mich beim Telefonieren erwischt. Ich vertröste Mimi also auf morgen in der Schule, obwohl sie sagt, dass sie immer noch platzt vor Neugierde und alle Details wissen möchte. Aber was uns beide am allermeisten interessiert, ist, wie sich Julie morgen neben Chiara und Anna verhalten wird. Ich kann mir nicht vorstellen, dass sie dann genauso ZUCKERSÜSS zu mir sein wird wie eben. Obwohl es megaschwierig ist, mich jetzt noch zu konzentrieren, reiße ich mich zusammen. Erst Mathehausaufgaben. Dann Referat. Ich MUSS fertig werden, damit ich wenigstens morgen nach der Schule ein bisschen Zeit für Tessa und für meine neuen Stoffe habe.

Julie ist inzwischen weg. Habe das gar nicht mitbekommen.

»Ich soll dich von deiner Freundin grüßen«, sagt Mum zu mir, während sie reihum die Teller mit Kartoffelpüree füllt. »Sie musste leider schon um halb sechs daheim sein.«

»Freundin?«, flutscht es plötzlich aus meinem Mund.

Mamas Gesicht verwandelt sich mal wieder. Diesmal in ein Fragezeichen.

»Ähm … Du meinst Lukas Freundin?«, korrigiere ich meine Frage.

»Ja, Julie!«

Ich beiße schnell in mein Brot. »Hm, hm, hm.« Das soll »Ach so. Ja, danke!« heißen.

»Schulie, Schulie!«, ruft Mila und klopft dabei fröhlich mit dem Löffel auf den Tisch. Dabei wackelt ihr Teller auf und ab. Püreekleckse spritzen um Milas Platz herum. ALLES KLAR. Die Kleine ist auch schon verhext. Genauso wie Luka und Mum.

An den zusammengezogenen Augenbrauen und dem irritierten Blick meiner Mutter sehe ich, dass sie ahnt, dass etwas nicht stimmt. »Ist etwas passiert?« Mum sieht zu Luka. Der merkt zuerst gar nicht, dass er angesprochen ist. Er träumt beim Essen wieder mal vor sich hin. Jetzt kapiere ich, warum er die letzte Zeit so abwesend war. Das muss die LIEBE sein!

»Sie sind nicht unbedingt Best Friends, glaube ich«, murmelt Luka, ohne von seinem Teller aufzublicken. AHA! Woher weiß er das? Was Julie ihm wohl erzählt hat?

Nun wandern Mums Blicke wieder zu mir. MEGASKEPTISCH. »Wieso?«, fragt sie. »Sie ist doch so nett und hilfsbereit … und offensichtlich sehr fleißig!«

PAH! Wie leicht sich Mütter manipulieren lassen. Ein paar nette Sätze, ein süßer Augenaufschlag – fertig! Ob Mum das auch sagen würde, wenn sie wüsste, wie die Chiara-Clique über mich lästert?

»Ach, es ist alles okay, Mama«, sage ich. »Wir haben in der Schule halt nicht so viel miteinander zu tun.« Mehr muss meine Mutter nicht wissen. »Sonst hätte ich doch von Luka und ihr gewusst«, schiebe ich nach. Logisch, oder?

Und weil man es vergessen kann, dass Luka irgendetwas von sich aus erzählt, nutze ich die Gelegenheit. Ich meine, wie soll ich denn sonst etwas erfahren? »Und außerdem, wo wir doch schon mal beim Thema sind: Woher kennt ihr euch eigentlich?«

Endlich hebt Luka mal den Kopf und sieht zu mir rüber. »Meinst du mich?« Sein sichtbares Auge (das andere ist unter dem Pony) guckt so, als hoffe er, dass das kein Verhör wird. Zickenverhör nennt er das nämlich immer, wenn Mum und ich versuchen, mit ihm zu reden.

»Gibt es hier noch jemanden, der mit Julie geht?«

»Auf Hakans Geburtstagsparty«, antwortet mein Bruder, während das eine Auge genervt nach oben rollt. Aber erst nach einem mahnenden Blick unserer Mutter. Der ging an uns beide. Denn sie legt großen Wert auf eine »gepflegte Kommunikation«. Damit meint sie, dass wir uns gefälligst vernünftig und höflich unterhalten sollen und nicht ständig zanken und zicken. Schon gar nicht beim Essen.

»Aber ich habe euch nie in der Pause zusammen gesehen.«

»Sind wir ja auch nicht so. Meistens treffen wir uns nach der Schule.« PINGPONG. Es geht hin und her. Ohne Mamas Beisein wäre das kaum möglich. Aber so erfahre ich, dass die beiden seit etwa drei Wochen zusammen sind.

Hm. Okay, letzte Woche war Luka weg. Auf Klassenfahrt. Die Woche davor habe ich nur gelernt, auch in der Schule. Mit Mimi zusammen. Weil wir Mathe, Englisch UND Chemie geschrieben haben. Und seit der Hälfte dieser Woche, seit ich die Post von Groß-Papa bekommen habe, war ich, ehrlich gesagt, die meiste Zeit am Träumen. Na ja, und eigentlich versuchen Mimi und ich in den Pausen immer, dem Chiara-Rummel aus dem Weg zu gehen. Auch wenn das echt schwer ist.

#DieKloneSindÜberall 👥

Und jetzt soll das zu Hause weitergehen, weil Mama meint, Luka soll Julie öfter mitbringen. NA TOLL! War aber auch klar, wenn Mum einmal Bescheid weiß.

OH, OH! Ich will meinen Bruder gerade etwas fragen, aber er schlingt sein Püree und seine Sojawürstchen in doppelter Geschwindigkeit herunter. Das war für Luka, glaube ich, ein bisschen zu viel »Unterhaltung«.

Okay, er geht. Und TSCHÜSS. Das mit dem Ausquetschen wird wohl nichts mehr. Dabei bin ich – wenn das überhaupt geht – noch neugieriger, als ich eben schon war. Ich und Mimi werden Julie morgen bestimmt nicht aus den Augen lassen.

Nachhauselaufen

»Sehen wir uns jetzt am Samstag auf der Glow?«, sagt Chiara gerade zu Julie, als ich die Klasse betrete.

»Oh ja, kommst du auch?«, fragt Anna, noch bevor Julie antworten kann. Julie steht mit dem Rücken zu mir bei Chiara und Anna und sieht mich nicht. Die beiden anderen bemerken mich nicht. Sie sind damit beschäftigt, Julie den Ausflug auf die Beauty-Messe schmackhaft zu machen. Chiara meint, es sei wichtig, sich dort zu zeigen, wegen der Newcomer-Challenge. Pah! Als hätte Chiaras VLog etwas mit Julie zu tun! Und Anna zählt angeberisch sämtliche YT-Stars auf: »Mario Novembre, Chany Dakota, Mike Singer, Lukas Rieger und Bibi werden da sein!«

»Echt?« Julie jubelt. »Ich wusste nur von DagiBee, und … ach ja, und Lisa & Lena.«

Mimi putzt die Tafel. Guter Trick, um unauffällig alles mitzuhören! Meine schlaue Freundin. Ich gehe zu ihr und wir begrüßen uns nur stumm mit einem Nicken. Ich nehme ihr den Schwamm ab und mache weiter. Mimi stellt sich neben mich und guckt zu. Wir hören beide angestrengt zu.

»Und? Bist du dabei?« Chiara drängelt.

»Weiß nicht.« Julie druckst herum. »Ich wollte eigentlich mit Luka ins Kino.«

»Oah! Das nervt langsam! Dann nimm
ihn mit und ihr geht halt am Sonntag ins
Kino«, sagt Chiara.

»Ja, sag doch, dass die Lochis und Prince
Justin oder so dort sein werden«, meint Anna.

»Nee, er kann damit nichts anfangen. Er
guckt nur Spielevideos auf YT.«

»Oh Mann!« Chiara verzieht das Gesicht.
Aber wie! Erst sauer, dann beleidigt und dann
schmollend. Die Kombination scheint zu wirken. Julie gibt
nach. »Okay. Ich frage ihn mal, ob wir auch am Sonntag ins
Kino gehen können.«

Dann entdeckt die Fashion-Clique mich und Mimi. Die
drei gucken auf einmal komisch. Chiara grinst: »Ha-a-ay!«

Sie meint mich. Das soll ein Gruß sein. Allerdings kein
freundlicher, sondern es ist aufgesetzt und irgendwie provo-
zierend.

Sie mustert mein rotes Kleid mit dem eckigen Rückenausschnitt und den Glockenarmen. Offensichtlich gefällt ihr
mein Outfit wieder mal nicht. Sie sieht aus, als wollte sie
gleich loslegen mit ihren blöden Bemerkungen. Anna lacht.
Aber das prallt an mir ab. Ich sehe Julie in die Augen.

Und sie schaut zurück. »Hallo, Greta!«, sagt sie. Hat sie
gerade gelächelt? Wenn ja, dann nur ganz kurz.

»Hallo, Julie!«, ist meine Antwort.

Keine Ahnung, was das jetzt ist, aber ich habe keine Zeit,
es zu ergründen. Unser Mathelehrer, Herr Lieb, kommt gerade herein und wir gehen alle zu unseren Plätzen. Chiara
sieht Julie abfällig von der Seite an und zieht dann Anna mit

sich zu ihren Sitzplätzen. Julie steht erst irgendwie hilflos herum und geht ihnen dann hinterher.

»Hast du das gesehen?«, flüstert Mimi, als wir auf unseren Stühlen sitzen und unsere Mathehefte hervorholen.

Ich nicke. PSSST! Wir müssen jetzt dem Matheunterricht lauschen, aber ich kann es kaum erwarten, endlich alles mit Mimi zu bequatschen.

»Also, das war ganz schön mutig von Julie, auch wenn es nur ein ›Hallo‹ war!«, sagt Mimi in der Pause. »Bestimmt ist es ihr nicht leichtgefallen. So wie Chiara immer alle herumkommandiert!«

»Das tut sie ja nicht mal«, sage ich. »Also nicht direkt. Sie bringt nur alle dazu, das zu tun, was sie will.«

»Hm, stimmt!«, findet Mimi. Sie hat auch bemerkt, dass Julie mich kurz angelächelt hat. Also habe ich mich nicht geirrt. Und obwohl Mimi und ich beschließen, das Ganze noch ein wenig zu beobachten, kommen wir in den nächsten beiden Pausen gar nicht dazu, weil ich Mimi erst einmal GANZ GENAU erzählen muss, was gestern passiert ist. Vor allem natürlich von Opas und meiner Video-Idee. Vielleicht hat Mimi ja wieder einen guten Tipp, wie Groß-Papa und ich Mum doch noch überreden könnten? Chiaras Challenge-Bemerkung eben hat mich total unruhig gemacht. Sie kann wenigstens einen echten YT-Kanal vorweisen. Und ich? Ich habe noch nicht mal eine ERLAUBNIS für einen eigenen Channel. Und nicht mehr viel Zeit …

Als die Schulglocke heute endlich zum letzten Mal läutet, packen wir unsere Sachen zusammen und gehen raus. Mimi kommt heute noch mit zu mir, weil wir für unser Referat üben wollen. Auf dem Pausenhof stehen mein Bruder und sein Freund Hakan bei der Chiara-Klon-Clique. Gerade verabschieden sich Luka und Hakan von Anna und Chiara und verlassen gemeinsam mit Julie das Schulgelände. Draußen trennen sich auch die Wege von Hakan und dem verliebten Paar. Obwohl, von VERLIEBT habe ich jetzt noch nicht wirklich etwas mitbekommen.

»Die beiden laufen nebeneinander her wie Onkel und Tante«, sagt Mimi kichernd.

»Nee, die würden ja wenigstens Händchen halten«, sage ich. »Eher wie Hase und Igel.«

Die beiden schlagen den Weg zu uns nach Hause ein. Mimi und ich laufen etwa zweihundert Meter hinter ihnen. Auf einmal legt Luka seinen Arm um Julie. Mimi und ich bleiben stehen. HEEEY!

»Geht doch!«, sagt Mimi. Und als hätte Luka Mimi gehört, gibt er Julie einen KUSS!

»Oh là là!«, sagt Mimi. Wir fangen beide total albern zu kichern an. Ja, SCHON GUT! Unser Verhalten ist echt kindisch. Aber mal ganz ehrlich: Es ist auch total komisch, den eigenen Bruder mit einem Mädchen zu sehen.

#MeinBruderKnutschtMitEinemMädchen 💑

Plötzlich dreht sich Julie um. Sie lächelt und winkt uns. Mimi und ich sehen uns an. »Sollen wir?«

Unsicher gehen wir langsam auf das Pärchen zu. Ob Luka sich darüber freut, weiß ich nicht.

»Wir können doch zusammen gehen«, sagt Julie. Die beiden wollen tatsächlich zu uns nach Hause.

Es ist ein seltsam fröhliches Nachhauselaufen, obwohl wir kaum miteinander reden. Julie und mein Bruder sind nach wie vor mit sich selbst beschäftigt. Es sieht aus und hört sich an, als würden sie sprechend kuscheln. Wie im Film. Ich muss sagen, mein Bruder beherrscht das ganze Liebesgequatsche-ding ganz gut.

#WoherKannLukaFlirten 😜

Mum ist zwar etwas überrascht über unser »zahlreiches Erscheinen« ohne Ankündigung, aber gleichzeitig freut sie sich.

»Wie gut, dass Mila und ich eben Pizza auf Vorrat gekauft haben.«

Sie sagt sogar, dass sie Mimi und mich beim Vortragen anhören würde, falls meine Schwester nicht quengelt.

Mama muss die Tiefkühlpizzen in drei Durchgängen backen.

Mimi hilft mir, den Tisch zu decken. Sie kennt sich bei uns gut aus. Julie steht dabei und sieht zu. Sie scheint nicht zu wissen, was sie sagen und tun soll. Ich gucke sie ab und zu an, damit sie sich nicht ausgeschlossen fühlt, traue mich aber auch nicht so richtig. Als Mimi die Servietten hereinbringt, spürt man richtig, wie sich Julie einen Ruck gibt. »Ähm, kann ich euch helfen?«

»Na klar«, sage ich und merke gleichzeitig, dass es so wirkt, als hätte ich auf eine Reaktion von Julie gewartet. Ich reiche ihr die Hälfte des Bestecks und lächele sie freundlich an. »Danke!«

»Wo ist denn eigentlich Luka?«, fragt Mimi.

»Ja, echt! Er könnte ja auch helfen«, sagt Julie.

Und wie abgesprochen, legen wir alle drei Besteck und Servietten gleichzeitig auf dem Tisch ab. »Luka?«

»Luka!«

»Hey, Luka?«

Mila kommt dazu. Sie denkt wohl, dass wir Verstecken spielen und macht sofort mit. »Luka, wo biz duuu?«

»Hallo? Was macht ihr?«, unterbricht uns Mum. »Die Pizzen sind fertig und der Tisch ist noch nicht gedeckt … Was ist los?«

»Hast du Luka gesehen?«, frage ich Mum.

»Ja, vor zehn Minuten etwa, mit seinen Comics.«

AAAH!!! Als ich das Wort »Comics« höre, weiß ich sofort Bescheid. »Kommt mit!«

Mum hat an ihrem Schlafzimmer noch ein eigenes kleines Badezimmer. Obwohl wir da nur im Notfall rein dürfen, habe ich Luka schon oft dort erwischt.

PSST! Wir postieren uns alle vor Mamas Schlafzimmer. Dann schleichen wir uns alle, inklusive Mama und Mila, hinein und stellen uns mucksmäuschenstill vor die Badezimmertür.

Meine Mutter deutet auf Julie. Die kapiert sofort. »Luka, was machst du da?«, fragt sie.

KEIN PIEPS!

»Luka?!«

Mila kichert. »Waz machz du da, Luka?«

»Ich glaube, er rasiert sich die Beine«, sage ich. Jetzt kichern wir alle. Immer noch kein Pieps.

Mimi schaltet sich ein. »Komm, wir wissen, dass du da drin bist.«

Dann kommt Mum an die Reihe. Sie imitiert sich selbst, wenn sie megastreng ist: »Luka!!!«

Auf einmal kracht es und dann folgt eine Serie von Geräuschen. Lauter Dinge, die nacheinander umfallen. »Au!«, schreit Luka.

Mama hebt den Daumen und zeigt damit auf sich. Sieg!

»Alles okay?«, frage ich und reiße mich zusammen, um nicht laut loszuprusten.

»Oh Mann! Haut ab!« Luka ist sauer.

Jetzt verwandelt sich unser Gekicher in ein lautes LACHGEWITTER. Wir können uns alle nicht mehr einkriegen.

»Kommt«, sagt Mama. »Wir gehen wieder. Sonst wird sich der arme Luka nie raustrauen.« Und laut fügt sie noch hinzu: »Die Pizzen werden kalt, Luka!«

»Sorry, Julie«, sage ich, als wir immer noch lachend am Tisch sitzen. »Das kann sich noch um Stunden handeln.«

Luka verbringt immer Ewigkeiten auf dem Klo. Und ich kann nicht verstehen, dass er das auch macht, wenn seine Freundin da ist. Julie scheint sich daran aber nicht zu stören. Sie lacht und amüsiert sich mit uns. Ich muss zugeben, das ist irgendwie ganz nett.

Mir fällt erst jetzt auf, dass Julie eine ganz kleine Zahnlücke zwischen den oberen Vorderzähnen hat. Genauso wie ich. Meine ist nur etwas auffälliger. Das macht Julie mir irgendwie noch sympathischer.

OBWOHL … Früher mochte ich meine Zahnlücke gar nicht. Es gab eine Zeit, da habe ich selten gelacht, weil ich nicht wollte, dass man die sieht.

Aber mein Groß-Papa hat das wohl irgendwann bemerkt. »Weißt du, Greta«, hat er eines Tages gesagt. »Eine Zahnlücke kann ein besonderes Schönheitsmerkmal sein. Und ich finde, dass deine dir sehr gut steht.« Er hat mir von wunderschönen Stars erzählt, deren Markenzeichen eine Zahnlücke ist, und mir verraten, von wem ich sie geerbt habe. Nämlich von seiner Mutter. Erst als er mir ein uraltes Foto von ihr gezeigt hat, konnte ich es glauben. Ich meine, dass es wirklich nicht schlecht aussieht.

Gerade denke ich, dass ich beim nächsten Opa-Besuch nach dem Foto von meiner Uroma Lisa fragen muss, damit ich es Mimi einmal zeigen kann, da läutet das Handy meiner Mutter.

»Meiermüller. Oh, hallo, Risa. Natürlich weiß ich noch, wer Sie sind«, sagt meine Mutter. Ich schrecke hoch. Frau Grohs, die Nachbarin von Opa? Warum ruft die denn meine Mutter an? Luka kommt gerade herein. Vermutlich ist es sein Was-sollte-das-sein-Gesicht, das den Lachpegel steigen lässt.

»Da bist du ja endlich, Luka!«, sagt Mimi. Julie strahlt. Man sieht, dass sie meinen Bruder wohl wirklich mag. Meine Aufmerksamkeit richtet sich wieder auf Mama. Ihre Augenbrauen ziehen sich wieder zusammen und dazwischen bilden sich zwei senkrechte Striche, die immer deutlicher werden.

»Ja. Ja? … Was? Oh mein Gott! …
Ich komme sofort!«

Meine Pizza fällt mir aus der Hand.
Ich weiß nicht, was los ist, aber ich habe
das Gefühl, dass alles stehen bleibt. Die Zeit, mein
Herz und auch mein Blut. Es hört auf zu fließen. Und das
Schlimme ist, das Gefühl kommt mir bekannt vor. Es ist
nicht lange her. Ein Jahr. Damals hat Opa angerufen.

#IchFahreMit 🚑 ♡

Alle zusammen eins

»Greta, warte!«

Mir geht es wirklich nicht gut heute und ich möchte mit keinem reden. Bin sowieso schon ziemlich spät dran. Ich drehe mich um. Es ist nicht Mimi, die mir hinterherruft, als ich den Schulhof betrete. Es ist Julie.

»Hi, Julie!«

»Ich wollte dir noch etwas sagen.« Julie druckst herum. »Ich weiß, was du denkst.«

HÄ? »Was denn?«

»Ich finde es nicht gut, wie Chiara sich dir gegenüber benimmt. Das fand ich nie. Und ich habe auch nie mitgemacht.«

Ich schlucke. Julies Worte treffen mich. Das kann ich jetzt gar nicht gebrauchen! Am liebsten würde ich davonrennen. Und obwohl ich Julie eigentlich sogar ganz nett finde, werde ich plötzlich sauer. Wer hat denn immer in der Klasse mit Chiara und Anna hinter mir hergeflüstert?

»Wer's glaubt!«, sage ich nur knapp.

Julie ist aber nicht beleidigt, sondern sieht traurig und sogar ein bisschen hilflos aus.

piks piks piks piks piks piks piks piks

»Ich habe doch immer mitbekommen, wie ihr über mich getuschelt habt.«

»Aber ich doch nicht!«, wehrt sich Julie.

»Hallo? In der Klasse, da seid ihr doch nur zu dritt! Da habe ich alles mitbekommen.«

»Aber da ging es doch um Luka. Und um so Dinge wie, ob ihr euch ähnlich seid. Oder ob du es wohl schon weißt, dass wir zusammen sind, und so weiter.«

Ich stutze. Ob das wohl die Wahrheit ist? Ich sehe Julie in die Augen. Während ich versuche, darin eine Antwort zu finden, redet sie weiter.

»Aber trotzdem tut es mir leid. Weil ich nichts dagegen getan habe, wenn Chiara so fies war.«

Ich atme tief ein und neige den Kopf zur Seite. NA GUT. Ich reiche Julie die Hand. Mehr kann ich gerade wirklich nicht machen. Es ist jetzt eh egal. Es gibt echt Wichtigeres im Leben.

Gemeinsam laufen wir ins Klassenzimmer. Julie bleibt bei mir, obwohl Chiara und Anna schon da sind. Wo ist nur Mimi?

Wir haben nicht für das Referat üben können. Meine Mum hat für uns eine Entschuldigung geschrieben.

Da ist sie ja! Mimi kommt zu mir und schaut mich mit ihren großen Augen ganz besorgt an.

»Wie geht's dir, Greta?«

Mir entgehen die Blicke von Chiara nicht. Giftig und neugierig irgendwie. Und auch Anna reckt den Hals, um mitzubekommen, was wir drei wohl da zusammen machen.

Im gleichen Augenblick kommt Herr Semmel, unser Geschichtslehrer, herein, sodass ich Mimi nicht antworten kann. Ich gebe die Entschuldigung am besten gleich ab.

Herr Semmel überfliegt sie schnell und guckt mich mitleidig an. »Na gut«, sagt er. »Wir sehen mal, wie viele es heute schaffen, vorzutragen. Ich setze euch ganz hinten auf die Liste. Falls ihr heute doch noch drankommen solltet, müsst ihr nicht frei vortragen. Ihr dürft vorlesen.«

Das ist ein Deal.

Als Julie, Mimi und ich zu unseren Plätzen gehen, nutze ich noch schnell die Gelegenheit, etwas loszuwerden. »Hey, es war echt lieb von euch, dass ihr gestern noch so lange geblieben seid. Danke!«

»Ist doch klar!«, sagt Julie.

»Na, sowieso!«, sagt Mimi.

Ich kann mich überhaupt nicht auf den Unterricht konzentrieren. Die Vorträge der anderen Schüler ziehen an mir vorüber wie Wolken am Himmel. Meine Gedanken schweifen immer wieder ab. Der Schock von gestern steckt mir immer noch in den Knochen.

Das Zittern von Mums Händen nach dem Anruf von Frau Grohs werde ich nie vergessen. Ich habe sofort gewusst, dass ich mitfahren wollte, wenn sie zu Opa fahren würde.

Wir haben alle zurückgelassen mit ihren kalten Pizzen und einer weinenden Mila. Julie und Mimi haben versprochen dazubleiben, um Luka nicht allein zu lassen mit seinen Sorgen und mit Mila, die einfach nicht zu beruhigen war. Natürlich hatte auch meine kleine Schwester gespürt, dass etwas nicht stimmte.

So richtig hatte ich Mum eigentlich nicht verstanden. Nur, dass Frau Grohs bei Opa im Krankenhaus war. Er war zusammengebrochen. Seine Nachbarin hatte das irgendwie mitbekommen und den Notarzt gerufen. Nun war er in ärztlicher Behandlung. Frau Grohs wollte sich noch mal melden, wenn sie Näheres erfahren würde. Dummerweise hatte meine Mum in der Aufregung nicht nach ihrer Handynummer gefragt und an Opas Handy ging keiner dran. Wir waren also darauf angewiesen, dass Risa Grohs uns anrief. Das hieß im schlimmsten Fall eine Dreiviertelstunde Sorgen. So lange würde die Fahrt zum Krankenhaus dauern. »Ruf an, bitte ruf an!«, murmelte Mama immer wieder. Sie fuhr schneller als sonst, aber gleichzeitig war sie auch total konzentriert. Deswegen beschloss ich, sie so wenig wie möglich mit meinen Fragen abzulenken.

#HaltDurchOpa 🙏

Tatsächlich klingelte Mums Handy erst wieder, als wir gerade im Krankenhaus ankamen.

»Wie? Ja! ... Wir sind gerade angekommen. Wo sind Sie, wo ist mein Vater?«

Ich lief meiner Mutter hinterher und kam mir dabei vor wie ein ZOMBIE. Ich fühlte nichts, ich wollte nur Opa endlich sehen. Alles war WEISS und KALT.

2. Stock, Zimmer 503. ENDLICH. Groß-Papa sollte hinter dieser riesigen weißen Tür sein. Mama klopfte an und öffnete sie ganz langsam, als könnte sie damit beeinflussen, welches Bild uns dahinter erwartete. Jetzt meldete sich mein

Herz wieder. Frau Grohs stand mit dem Rücken zu uns über das Bett gebeugt und verdeckte meinen Opa. Sie hatte wohl das Klopfen nicht gehört.

»Papa?«, sagte meine Mutter.

Frau Grohs drehte sich um und kam sofort auf uns zu. »Alles gut, Iris, alles gut!«

Und dann habe ich Opa gesehen. Er lag da und war an ein Gerät angeschlossen. In den Händen steckten Nadeln. An einer hing ein Schlauch, aus dem eine Flüssigkeit tropfte. OPA!

Groß-Papa versuchte, seinen Kopf zu heben. Er lächelte. »Enkeling, du bist auch mitgekommen?«

Mama legte ihre Hand auf die Brust. »Papa, Gott sei Dank!« Sie ging zu ihm und streichelte seinen Arm. »Wie geht es dir?«

Man sah es meinem Groß-Papa an, dass er geschwächt war, aber er lächelte immer noch und nickte. »Alles gut, Kind. Unkraut vergeht nicht.«

Ich blieb wie versteinert stehen. Irgendwie konnte ich nichts sagen.

»Der Arzt war eben hier«, sagte Frau Grohs. »Es war Gott sei Dank doch kein Herzinfarkt, wie wir erst befürchtet hatten.«

Herzinfarkt? Ich hatte gar nicht gewusst, dass das die Befürchtung gewesen war. Mama hatte es vorhin nicht gesagt.

Opa sagte, dass er plötzlich einen Krampf in der Brust gehabt habe, der so schlimm war, dass er zusammengebrochen ist. Er konnte nur mit Mühe seine Nachbarin anrufen, die wohl sofort gekommen ist.

»Ich weiß gar nicht, wie ich Ihnen danken soll, Risa!«, sagte Mum, und dann fielen sie sich in die Arme.

Opa erzählte, dass man ihn gerade gründlich untersucht hätte. Die Ärzte würden vermuten, dass die Schmerzen von seiner Wirbelsäule herrühren. »Ich glaube, ich habe mich verhoben«, sagte er. »Woher sonst sollte eine Blockade meiner Rippengelenke herkommen?« Er hatte sich einen Zwischenrippennerv eingeklemmt.

OH NEIN! Sofort habe ich mich schuldig gefühlt. Er hatte ja für MICH so viel geschleppt. Als er dann sagte, dass er sogar nach Hause könnte, sobald die Infusion durchgelaufen war, ist mir ein Stein vom Herzen gefallen.

Schritt für Schritt habe ich mich ihm genähert. Dann legte ich meinen Kopf an seine Schulter. »Tut mir leid, Opa!«

Es dämmerte schon, als wir endlich das Krankenhaus verlassen durften. Risa Grohs war bis zum Schluss geblieben. Heute wirkte sie ganz anders auf mich. Komisch! Sie war nicht geschminkt, und das sah echt viel besser aus. Sie war auch gar nicht mehr so riesig. Ich verstand einfach nicht, woran das liegen konnte. Vielleicht, weil das Krankenhaus noch mächtiger war als alles andere? EGAL. Ich wusste nur eins. Nämlich, dass ich mich total in ihr geirrt hatte. Das Riesigste an Frau Grohs war nämlich ihr Herz.

Besonders groß fand ich, als sie Mum und mich unterstützte, als Opa nicht mit uns mitkommen wollte. Wir waren

zu ihm nach Hause gefahren und er hatte sich gleich hingelegt.

»Ich werde dich hier nicht allein zurücklassen, Papa!«
Meine Mutter klang jetzt wieder wie sie selbst: nämlich bestimmt.

»Risa ist doch hier!« Mein Opa hoffte wohl auf den Bei-
stand seiner Nachbarin.

Aber die schüttelte den Kopf. »Natürlich bin ich für Sie
da, aber Sie sollten jetzt trotzdem bei Ihrer Familie sein.«

»Nur für ein paar Tage«, sagte Mama. »Bis ich sicher bin,
dass es dir wirklich gut geht.«

»Bitte, Opa!«

Groß-Papa ist manchmal ein echter Dickkopf, aber diesmal gab er dann doch klein bei. YAY! Ich half meiner Mutter, Opas Tasche zu packen.

»Gut«, sagte Frau Grohs, nachdem sie Tee für alle gekocht
hatte. »Dann gehe ich mal.«

Mum und ich folgten ihr zur Tür. »Ich kann mich gar
nicht genug bedanken, Risa!«, sagte meine Mutter.

»Ach, Iris. Jetzt übertreiben Sie aber. Das ist doch das Min-
deste. Johannes ist ein wunderbarer Nachbar. Und …« Dann
hielt sie kurz inne und winkte Opa zu, der immer noch auf
der Couch lag. »Ich wünsche Ihnen eine gute Fahrt!«

Mum und Opas Nachbarin umarmten sich wieder. Dann
trafen sich unsere Blicke. Ich meine, die von Frau Grohs und
meine. Sie war in meinen Augen längst wieder zur Riesin
gewachsen.

»Danke«, sagte ich, »dass Sie auf meinen Opa aufgepasst
haben!«

»Hach!«, sagte Frau Grohs. Sie legte beide Hände auf die Brust und blinzelte gerührt. Dann drückte sie mich so fest, dass ich mir vorkam wie eine PRESSWURST. So war Frau Grohs eben. Einfach zu groß für mich.

Unterwegs musste Opa noch einmal Schmerztabletten einnehmen. Aber es ging ihm langsam besser. Nur bewegen konnte er sich noch nicht so gut. Trotzdem machte mein Groß-Papa sogar Scherze. »Ich werde verschleppt«, sagte er. »Gegen meinen Willen. Aber wie soll sich ein armer Mann wie ich gegen drei Frauenzimmer wehren?!«

»OPA!«

»Papa! Also wirklich!«

»Hohohoho!« Groß-Papa antwortete nur mit seinem Brummlachen. So wie er es oft macht.

»Wir sollten deine Risa mal einladen«, sagte Mum nach einer Weile.

»Ja, das ist eine gute Idee«, sagte Opa. »Jetzt bin ich ja dran mit dem Rewaschieren, nicht wahr, Enkeling?«

»He, Opa!«

»Hohohoho!«

Er sagte gar nichts dazu, dass Mama Frau Grohs »deine Risa« genannt hatte. Und mich hätte das vor ein paar Tagen noch total gestört. KOMISCH, aber das war vorbei.

Als wir zu Hause ankamen, war Luka noch wach. Er ist Groß-Papa sofort um den Hals gefallen. Sie standen eine Weile fest umschlungen da.

»Geht es wieder, Opa?«

»Ja, mein Junge!«

♥ GRETA ♥

Fies sein kann man nicht löschen

Ich freue mich so, dass Opa jetzt bei uns ist. Auch wenn der Zwischenfall uns allen einen großen Schrecken eingejagt hat! Luka, Mama und ich haben gestern Abend die Sachen von meinem Vater in seinem alten Arbeitszimmer in der Ecke aufeinandergestapelt. Die kommen demnächst auf den Sperrmüll, wenn sich mein Vater nicht bald entscheidet, sie abzuholen. (Mama will ihm noch eine letzte Chance geben.)

Dann haben wir das Gästebett in das Zimmer getragen.

Obwohl mein Groß-Papa ein Frühaufsteher ist, hat er noch geschlafen, als wir heute Morgen in die Schule gegangen sind. Ich hoffe, dass er sich schon etwas erholen konnte.

Jetzt, in der vorletzten Stunde – wir haben Erdkunde –, werde ich immer unruhiger. Ich rutsche auf meinem Platz hin und her.

Zum Glück mussten Mimi und ich unser Referat NICHT vortragen. PUH!

Julie kam leider dran. Aber sie hatte ja wenigstens vorher schon geübt und war wirklich gut. Auch Chiara und Anna waren gut. Klar, dass die drei in einer Gruppe waren. Sie ha-

ben über die Domestizierung von Katzen referiert. Und man merkte richtig, dass Chiara schon sehr geübt darin ist, vor Leuten etwas vorzutragen. Ich meine, man kann ihre YT-Videos finden, wie man will, aber es gehört trotzdem viel Mut dazu, sich vor die Kamera zu stellen und zu erzählen. EGAL, WAS. Allein zu wissen, dass das so viele Menschen sehen werden, hat schon was.

Chiara hatte sogar ihre Katzenohren aufgesetzt. Aber keiner hat sie deswegen ausgelacht. Sie hat natürlich viel länger erzählt als die anderen beiden. Trotzdem haben am Ende alle geklatscht. Mimi und ich auch.

ENDLICH klingelt es. Selten habe ich die Schulglocke so sehr herbeigesehnt. Jetzt nur noch eine Stunde durchhalten und dann: OPA!

»Oh, guck mal«, sagt Mimi. »Die habe ich ganz vergessen.« Mimi packt zwei kleine Eimer Cocktail-Tomaten aus und reicht mir einen. Mimis Mutter ist besonders stolz auf ihre Tomatenzucht. »Die hat mir meine Mutter für dich mitgegeben. Und außerdem soll ich deinem Opa gute Besserung ausrichten.«

»Wie lieb, danke!« Mimis Mama weiß, dass ich die kleinen Tomaten für mein Leben gern esse. Mimi erzählt, ihre Mutter hätte gesagt, dass ich bestimmt eine Extraportion Vitamine brauchen könnte.

Wir lehnen uns an die Heizung am Fenster. In den Fünfminutenpausen gehen wir meistens nicht raus. Plötzlich dringen laute Stimmen aus dem Flur ins Klassenzimmer.

HEY! Ist das nicht …? Ja, das ist Julie.

»Lösch es!« Sie klingt total aufgebracht.

»Nein!«, sagt Chiara. »Wieso sollte ich?«

»Weil du das nicht darfst!«

»Man sieht doch nicht, wer das ist. Ich habe extra den Kopf abgeschnitten.«

»So ein Blödsinn«, sagt Julie. »Jeder kennt doch ihre Klamotten. Niemand sonst hat solche.«

»Eben.« Jetzt mischt sich Anna ein. »Warum wohl?«

»Ihr könntet sie ja auch einfach in Ruhe lassen. Was wollt ihr eigentlich von ihr?«

»Pff!«, sagt Chiara. »Was kann ich schon von der wollen? Nichts.«

»Und nur, weil du jetzt mit ihrem Bruder zusammen bist, machst du jetzt einen auf nett, oder was?« Das war Anna.

Mimi und ich sehen uns an. OH, OH! »Es geht um mich!«, flüstere ich.

Mimi nickt. »Hört sich so an!«

Ohne dass wir es absprechen müssen, gehen wir los und nähern uns der Quelle des Streits. Wir können Julie schließlich unmöglich allein lassen.

Chiara sieht uns als Erste. Die Worte ersticken in ihrem Mund: »Äh …«

Damit hat sie wohl nicht gerechnet!

Julie und Anna entdecken uns jetzt auch.

Mimi und ich stellen uns hinter Julie und verschränken die Arme.

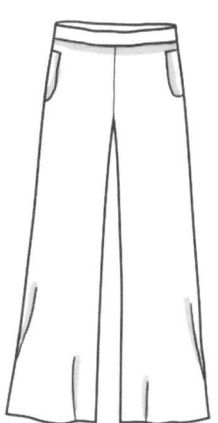

»Was wollt *ihr* denn?«, sagt Anna.

»Wir?«, sagt Mimi. »Wir wollen nichts. *Ihr* habt doch ein Problem mit Greta.«

»Haben wir nicht«, sagt Chiara.

«Klar habt ihr das», sage ich zornig. Meine Stimme zittert ein bisschen, aber ich weiche ihren Blicken nicht aus.

»Ich sage nur GSMC!« Mimi stützt beide Hände auf der Hüfte ab und starrt Chiara an.

»Das ist doch nichts Schlimmes«, meint Anna.

»Wieso bist'n du so empfindlich?« Auf Chiaras Gesicht macht sich wieder mal ihr unechtes Lächeln breit.

»Außerdem muss niemand deine Klamotten mögen, ja!«, sagt Anna.

»Muss man auch nicht. Chiaras aber auch nicht!«, sagt Mimi. Chiaras Grinsen verzieht sich plötzlich.

»Ach, hört doch auf«, sagt Julie zu den beiden. Dann wendet sie sich mir zu. »Chiara hat in ihrem neuen Video gestern Abend ein Foto von dir gezeigt. Nach dem Motto ›So nicht!‹. Ich habe es eben gesehen!«

HÄ? WAS? Hitze steigt in mir auf und ich merke, wie meine Wangen plötzlich glühen. In meinem Kopf rattert es. Woher hat sie ein Foto von mir? Und welches? Ich hätte sie nicht entfolgen sollen. Dann hätte ich das gleich mitbekommen.

»Das ist verboten!«, sagt Mimi.

»Ach was!«, sagt Chiara. »Man weiß doch gar nicht, wer das ist!«

»Und ob!«, sagt Julie. Sie zieht ihr Handy aus der Hosentasche. »Ich zeige es dir«, sagt sie zu mir. »Jeder weiß sofort, dass du das bist.«

»Stopp!«

OH NEIN. Der Handyradar unserer Schule schlägt zu. Es ist wie Hexerei: Frau Krause, unsere Deutschlehrerin, ist sofort zur Stelle, wenn die Ecke eines Handys auch nur sichtbar wird. »Was ist hier los?«, fragt sie streng. Gleichzeitig streckt sie ihre Hand nach Julies Handy aus. Ihr Zeigefinger rollt sich auf und zu: Her damit!

Julie reagiert total cool. »Es wäre mir beinahe aus der Tasche gerutscht«, sagt sie. »Sehen Sie, es ist aus.« Zum Glück ist der Bildschirm wirklich pechschwarz.

»Hm«, sagt Frau Krause. »Na gut. Für diesmal drücke ich ein Auge zu. Aber es hat auch nichts in deiner Hosentasche zu suchen.«

»Okay.« Julie schaut Frau Krause entschuldigend an.

Chiara atmet sichtbar auf. Ihr ist wohl klar, dass wir Frau Krause auch alles hätten erzählen können.

Die Deutschlehrerin drängt uns in die Klasse und lässt sich von Herrn Lieb ablösen. Letzte Stunde Mathe. Da muss ich jetzt durch, bis ich endlich zu Opa kann und der Spuk hier vorüber ist.

Erst folge ich Mimi zu unserem Tisch, aber dann entscheide ich mich anders. Bevor Chiara sich auf ihren Platz setzen kann, schnappe ich einen Zipfel ihres rosaroten Hoodies.

»Hey!«, sagt sie wütend. »Was soll das?«

»Pass auf, Chiara! Was auch immer du von mir gepostet hast, du löschst es besser sofort!«

Dann setze ich mich auf meinen Stuhl neben Mimi.

Sofort setzt ein Getuschel in der Klasse ein. Sie alle haben es mitbekommen. Und Chiara hat sich nicht getraut, einen Pieps von sich zu geben.

#EinsZuNullFürGreta ✌

Während der ganzen Stunde fummelt Mimi an ihrem Handy herum. Unter dem Tisch versteht sich.

Die Hitze in meinem Kopf ist inzwischen in meinen Bauch gerutscht. Und Mimis Gefummel macht mich total unruhig. Ich halte es am Ende nicht mehr aus: »Was machst du da?«

»Schscht«, macht Mimi. Dann guckt sie zu Herrn Lieb. Als der etwas an die Tafel schreibt, neigt sie sich mir zu. »Man weiß nie, wofür man einen Beweis braucht.«

OHA. Daran hatte ich gar nicht gedacht. Mimi ist eindeutig die bessere Detektivin unter uns. Schließlich habe ich Chiara gesagt, dass sie das Video sofort löschen soll. WIE DUMM!

Ich versuche, so unauffällig wie möglich einen Blick auf Mimis Handy zu werfen. Ich sehe nur die Titelseite von Chiaras Cat-Talk.

»Es ist weg«, sagt Mimi. »Sie hat das Video gelöscht.«

Was? So schnell? Wir drehen uns zu Chiara um. Die hat sich nach hinten gelehnt und man sieht, dass sie mit etwas unter dem Tisch beschäftigt ist. Ab und zu linst sie hoch, checkt ab, wo Herr Lieb ist, dann sieht sie wieder runter.

Na ja. Immerhin ist es jetzt weg. Aber es wurmt mich, dass ich nichts in der Hand habe. Und auch gar nicht so genau weiß, worum es eigentlich ging.

»Ich hätte nicht gedacht, dass sie so weit geht«, sagt Mimi auf dem Nachhauseweg.

»Das ist so was von fies!«, sage ich. Ob die Schüler, die an uns vorbeilaufen, es auch gesehen haben?

Als könnte Mimi Gedanken lesen, sagt sie, dass es ja insgesamt nur wenige Stunden waren, in denen das Video sichtbar war. Sie rechnet mir vor, dass die meisten um zehn ins Bett gehen und dass morgens vor der Schule kaum jemand YT-Videos guckt.

»Wenn sie es abends hochgeladen hat, können es gar nicht so viele gesehen haben!«

Mimi ist echt süß. Vielleicht hat sie ja auch recht. Trotzdem macht es mich richtig wütend, wenn ich mir vorstelle, dass irgendwelche Leute sich vielleicht kaputtgelacht haben, als sie mein Foto sahen.

Obwohl ich so wütend bin, merke ich, dass ein Teil von mir seltsam ruhig ist. Na ja … Vielleicht, weil ich mich getraut habe, Chiara zu sagen, dass sie das Video löschen soll. Aber vielleicht auch, weil ich jetzt ZWEI Freundinnen an meiner Seite habe. Julie hat sich so mutig für mich eingesetzt wie sonst Mimi.

»Wo ist Julie eigentlich?«

Mimi weiß es auch nicht. Ich halte schon die ganze Zeit Ausschau nach meinem Bruder und seiner Freundin. Ob sie schon zu Hause sind?

»Wartet!«

Schnelle Schritte nähern sich uns und ich weiß, dass ich den Gedanken zurücknehmen muss. Das ist Julie! Sie ist außer Atem, als sie bei uns ankommt. »Luka hat noch eine Stunde, da wollte ich dann doch nicht mehr warten«, sagt sie. Und dann will sie nachholen, was Frau Krause in der Pause unterbrochen hatte.

ZIP, ZIP!

ZAP, ZAP!

»Vergiss es«, sagt Mimi. »Chiara hat es noch während der Mathestunde gelöscht.«

Julie nickt. »Ich weiß.« Trotzdem klickt sie auf ihrem Handy herum und hält es uns dann zwinkernd vor die Nase. »Ich konnte das Video zwar nicht kopieren, aber ich habe einen Screenshot gemacht.«

HEY! Erst freue ich mich. Jetzt habe ich einen Beweis für Chiaras Tat. Aber dann, als ich das Foto sehe, rege ich mich total auf. »Weißt du, wer das alles gesehen hat?«

Julie schüttelt den Kopf. »Ich weiß nur, dass ein paar Hardcore-Fans erst schlafen gehen, nachdem sie das neueste Video von Chiara gesehen haben. Aber das sind wirklich nur ein paar aus ihrer Clique.«

»Damit sie am nächsten Morgen gleich schleimen können, oder wie?«, meint Mimi.

Ich seufze. »Schickst du mir das bitte?«

»Klar!«, sagt Julie und leitet es mir sofort auf mein Handy weiter.

Obwohl der Akku fast leer ist, reicht es für den Empfang und dafür, mich auf die Palme zu bringen. Das Foto muss Chiara gestern geschossen haben. Ich trage mein schönes rotes Kleid. Man sieht deutlich den eckigen Rückenausschnitt und die Glockenarme. Tatsächlich hat sie meinen Kopf abgeschnitten, aber jeder in der Schule weiß, dass ich das bin. Auf meinem Foto klebt eine Art Etikett, auf dem »SO NICHT!« steht.

Schon wieder steigt Hitze in mir auf. Ich sehe ROT für Chiara. So rot wie mein Kleid. Das darf ja wohl nicht wahr sein!

»Mach dir nichts draus«, sagt Julie. »Ich finde das Kleid superschön.«

»Ich auch!«, sagt Mimi.

»Echt?« Das geht mehr an Mimi. Das Kleid ist ja nicht neu, und Mimi hat noch nie gesagt, dass sie es mag.

»Ja!«, sagt meine beste Freundin. »Ich könnte es nicht tragen, aber ich finde es megaschön.«

»Wieso denn nicht?«, fragt Julie. »Ich finde, es würde dir auch total gut stehen.«

Mimi schüttelt den Kopf. »Wegen meiner Skoliose«, sagt sie. »Der Rückenausschnitt ist genau an der Stelle.«

»Oh!« Julie sieht zu Boden. »Das wusste ich nicht.«

Und ich? Ich bin gar nicht darauf gekommen. Das trifft mich mitten ins Herz. Ich krame in meinem Gehirn. Mimi trägt selbst meistens weite Klamotten. Zu meinen Kleidern sagt sie oft, dass sie mir stehen. Aber sie fällt nicht vor Begeisterung um. So wie es bei meiner Tasche zum Beispiel war. Vielleicht, weil sie denkt, sie könnte sie wegen ihrer Skoliose nicht tragen?

Okay, ich weiß, dass Mimi nur wegen ein paar Hater-Kommentaren ihre coolen Choreo-Videos auf Musical.Ly aufgegeben hatte. Die Kommentare waren auch echt gemein: »Was ist denn mit der los?« oder »Wieso bewegst du dich so komisch?«. Deswegen hatte es auch nicht geholfen, dass ich mich extra eingeloggt und die Hater beschimpft hatte. Aber das mit den Kleidern war mir, was Mimi angeht, echt neu.

Cool finde ich, dass sie jetzt sogar Julie davon erzählt, obwohl sie sie ja noch gar nicht so gut kennt.

Ich spüre aber, dass Mimi jetzt nicht mehr weiter darüber reden will.

Deswegen beschließe ich, erst einmal das Thema zu wechseln. Ich schlage Mimi und Julie vor, wieder mit zu mir nach Hause zu kommen. »Da könnt ihr meinen Opa kennenlernen.«

»Heute kann ich leider nicht«, sagt Mimi. »Wir gehen mit meiner Mutter shoppen. Aber morgen gerne.«

Und auch Julie möchte erst mal nach Hause. »Vielleicht komme ich nachher«, sagt sie. »Mal sehen, was Luka gleich vorhat.«

»Sesam öffne dich« oder wie?

»Wertes Fräulein, welch Ehre!« Zu Hause ist es Opa, der mir die Tür öffnet. WIE SCHÖN! Er hat Mila auf dem Arm.

»Hallo, Greta! Guck mal, Opa iz da!«, sagt sie fröhlich.

»Ich weiß, Mila. Toll, nicht?!« Ich mache einen Knicks. »Gnädiger Herr, ganz meinerseits!«

Und dann gebe ich beiden einen Kuss.

»Wie geht es dir heute, Opa?«

Opa schürzt die Lippen und prüft sein Befinden. »Joah, ich denke, ganz gut, Enkeling.«

Er sieht auch richtig gut aus. Seine Augenbrauen sind gestutzt und aus den Ohren wachsen keine Härchen mehr heraus. Und beim Friseur war er in letzter Zeit wohl auch. Dass seine Haare viel ordentlicher aussehen als beim letzten Mal, ist mir schon gestern im Krankenhaus aufgefallen.

Heute wirkt er aber im Gegensatz zu gestern auch wieder ziemlich gesund und munter. Mir fällt ein riesiger Stein vom Herzen.

Mehr kann ich ihn aber erst einmal nicht fragen, weil Mila an Opas Ärmel zupft und mit ihrem winzigen Zeigefinger zu ihrem Zimmer zeigt: »Komm, Opa, weiterzpielen!«

Opa versucht erst gar nicht, sich eine Ausrede einfallen zu lassen, obwohl er sicher schon den ganzen Vormittag abwechselnd König, Bauleiter und Kranfahrer sein musste. Jeder in unserer Familie weiß, dass das bei Mila nichts bringen würde. Groß-Papa zwinkert mir zu, bevor er sich von Mila in ihr Zimmer steuern lässt.

#MilaIstDerGrößteDickkopfInDerFamilie 😆

Ich überlasse Opa grinsend seinem Schicksal und beschließe, erst einmal mein Handy aufzuladen. Als ich die Tür zu meinem Zimmer öffne, falle ich beinahe rückwärts um! SCHOCK! Was ist denn hier passiert? Katy strahlt mich von sämtlichen Postern an. Von Eingequetschtsein keine Spur mehr. Ich lasse meine Tasche fallen, schließe die Tür zu meinem Zimmer gleich wieder und flitze zu meiner Mutter in die Küche. »Mama? MAMA?!«

Die Dunstabzugshaube ist so laut, dass meine Mutter mich nicht hört. Ich gehe zu ihr hin und tippe sie an. »Mama!«

»Huch!« Sie schreckt zusammen. »Greta, du bist schon da?«

»Mama, was ist in meinem Zimmer passiert? Wo sind meine Sachen von Opa?«

»Wie wäre es erst mit einem ›Hallo‹, Fräulein?«

»Hallo«, sage ich trocken. Das ist schließlich eine ernste Angelegenheit. »Jetzt sag doch, bitte!«

»Frag nicht mich, frag deinen Großvater«, sagt meine Mutter.

Ratlos kehre ich um. Wieso soll ich Opa fragen? Will er seine Sachen doch wieder mitnehmen?

»Opa? Wo bist du?«

Ich kann ihn nirgends finden. Bei Mila ist er nicht mehr.

Meine Schwester kurbelt allein an ihrem Kran herum. Dann fällt mir das Arbeitszimmer von meinem Vater ein. Vielleicht hat Groß-Papa sich ja noch einmal hingelegt? Ich klopfe an, und als keine Antwort kommt, öffne ich die Tür. Ganz leise. Vielleicht ist er ja eingeschlafen?

HÄ? Einen Moment lang denke ich, dass ich träume. Ich bin es wohl, die IM STEHEN eingeschlafen ist. Aber nein. Opa sitzt auf seinem Bett und strahlt mich an.

»Was ist denn hier passiert?!«

»Gefällt es dir?«

»Mir?«

Plötzlich steht Mum hinter mir. »Ja, dir«, sagt sie. »Und?« Sie sieht mich erwartungsvoll an. Genauso wie mein Opa.

Oh mein Gott. Jetzt bin ich platt. Meine Augen schweifen über die Regale. Die waren gestern noch leer. Jetzt liegen dort bunte Stoffe aufeinandergestapelt. Die ganze Wand sieht aus wie ein buntes Gemälde. Der Schreibtisch von meinem Vater wurde in die Mitte des Raums gerückt, darauf meine elektrische Nähmaschine gestellt. Die Sonnenstrahlen lenken meinen Blick auf Tessa, die direkt am Fenster steht.

Auf den Rollcontainern von meinem Vater sind die Schachteln gestapelt, die ich von Opa mitgebracht hatte. Meine Mutter geht an mir vorbei und zieht die Schubladen der Container auf. HÄ?! Da sind nicht mehr irgendwelche Unterlagen oder Ordner drin! In die Fächer sind Knöpfe, Reißverschlüsse, Scheren und Garne einsortiert.

»Und die ganzen Sachen, die da vorher drin waren?«

»Mach dir darüber keine Gedanken«, sagt Mum und lächelt.

»Willkommen in deinem Atelier!«, sagt Groß-Papa und zwinkert mir zu. Ich kann meinen Mund nicht schließen. Deswegen lege ich beide Hände darauf. Ich sehe zu Mama. Sie strahlt mich an. Mir steigen die Tränen hoch.

»Oh!«, macht meine Mutter. »Greta!«

»Nicht weinen, Enkeling!«, sagt Opa.

Aber wieso denn nicht?, möchte ich rufen. Denn sie wissen ja gar nicht, was mir das bedeutet. Überhaupt, aber ganz besonders und gerade heute. »Es ist so schön!«

Meine Mutter und mein Groß-Papa umarmen mich nacheinander.

Mein eigenes Atelier! Ich kann es nicht fassen.

»Danke! Danke! Danke!«, rufe ich und drehe mich einmal um meine eigene Achse. JUHU!!!

Und dann fällt mir ein, dass Groß-Papa doch gar nichts Schweres tragen darf. »Wann habt ihr das denn gemacht und wie?«, frage ich. Das ist mir wirklich ein Rätsel.

Mum lacht. Sie sagt, dass sie nicht die Kisten geschleppt, 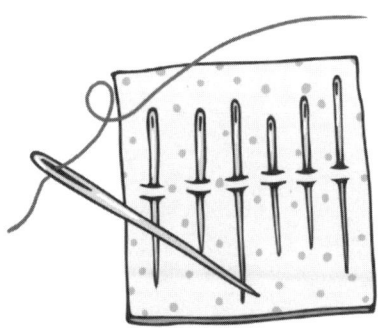 sondern nur den Inhalt rübergetragen hätten. Opa hätte sie überredet. Und sie sagt, dass sie einsehen musste, dass es Unsinn ist, mich in ein kleines Zimmer zu quetschen.

Groß-Papa wuschelt mir durch die Haare. »Bei deinem Talent«, sagt er. »Du musst dich doch entfalten können.«

GANZ GENAU!

»Insgeheim hatte ich immer noch gehofft, dass dein Großvater hier einzieht«, sagt meine Mutter. »Aber daraus wird
wohl nichts.« Sie schaut zu Opa. Aber dabei sieht sie gar
nicht traurig aus, sondern eher fröhlich. Hä? Was ist passiert?

Ich stelle fest, dass heute ein TOTAL komischer Tag ist.
Aber das ist egal, denn es ist ein toller Tag!

»Aber«, sagt meine Mutter. Und – PAMM – da ist es wieder! Das typische Mama-Aber. »Wenn Luka mal ein Projekt
hat oder wir einen Gast haben, dann müssen sie den Raum
auch mal nutzen dürfen.«

»Wenn Luka ein Projekt hat?«, frage ich. »Was denn für ein
Projekt?«

»Ich weiß nicht.« Meine Mutter wedelt mit der Hand, als
könnte ihr so eine Idee kommen. »Ich will nur nicht unfair
sein.«

Das gefällt mir eigentlich gar nicht. Diesen Gedanken
scheint Mum meinem Gesichtsausdruck abzulesen. »Greta!«,
sagt sie ernst. »Nur für den Fall, dass er sich beschwert.«

»Okay.« Ich schwinge den Zeigefinger hin und her. »Aber
er darf nicht an meine Sachen gehen! Und … und wir müssen ihn ja nicht unbedingt darauf bringen, oder?«

»Nein!« Mum schmunzelt. »Das müssen wir wirklich
nicht!«

»Darf ich auch nicht an deine Sachen gehen?«, fragt Groß-
Papa. »Ich schlafe doch hier.«

»Opa, also ehrlich!«, sage ich. »Du bist doch der Schneidermeister. Und das ist irgendwie auch dein Atelier.«

Groß-Papa lacht. Dann deutet er in den Raum. »Du hast

übrigens jetzt auch Platz für die Schneiderpuppe und die Stoffballen.«

»Ja! Und die Overlock!«

Opa und ich sehen gleichzeitig zu meiner Mutter. Dabei ist es aber mein Groß-Papa, der verschmitzt guckt. Nicht ich!

Mama nickt. »Wenn ich Opa heimfahre, bringe ich alles mit. Gut?«

Ich kann echt nichts mehr sagen!

Plötzlich schieben sich Bilder in meinen Kopf. »Wir können hier doch auch die Tessa-Videos machen, oder?« Ich zeige auf den Platz neben Tessa. »Guck, hier könntest du dich auf einen Stuhl setzen, Opa. Und hinter dir steht dann die Schneiderpuppe.«

»Ja!«, sagt meine Mutter ganz begeistert zu Groß-Papa. »Du kannst doch so tun, als würdest du etwas nähen und dabei erzählen.«

»Gute Idee, Mama. So mache ich es ja auch immer.«

»Was meinst du damit?« Die zwei senkrechten Striche zwischen Mamas Augenbrauen werden leicht sichtbar.

»Na, wenn ich meine Videos drehe.«

Jetzt machen sich auch plötzlich kleine Zuckungen auf Mamas Gesicht bemerkbar. Ich glaube, gleich kommt der Koboldmaki. »Was denn für Videos?«

»Na, wenn ich nähe, dann nehme ich das manchmal auf«, sage ich. »Und dabei erkläre ich, was ich gerade mache.« Und damit sich Mum schnell wieder beruhigt, füge ich hinzu: »Nur für mich, Mama. Alles gut.«

»Ah, als Dokumentation.« Tatsächlich entspannt sich ihr Gesicht wieder und ihre Stirn glättet sich.

»Genau. Chill mal, Mama!« Ich verdrehe die Augen. »Als Doku. So wie Opas Tessa-Videos.«

»Aha!«, klinkt sich Groß-Papa ein. »Ihr wollt also unbedingt, dass ich hier arbeite.« Und dann lacht er mit seiner typischen Opa-Lache. »Hohohoho! Na gut, wenn's sein muss.« Opa war schon immer lustig, aber seit gestern ist er ein echter Scherzkeks geworden. »Nein, nein, ich meine, wenn ich schon hier bin, dann können wir die Zeit natürlich auch nutzen.«

Und dann ist es einen Moment seltsam still. Groß-Papa lugt über seine Brille zu mir rüber. Er sagt aber nichts. Dann wendet er sich meiner Mutter zu. »Wieso eigentlich nur zu Dokumentationszwecken? Dafür sind sie doch eigentlich zu schade, oder?«

OHA! Oh mein Gott! Was macht Opa da?

»Du meinst die Videos?«, fragt meine Mutter und macht sofort wieder ein ernstes Gesicht.

»Ja, die Tessa-Videos. Ich finde, ich sollte sie veröffentlichen. Die Geschichten sind ja doch sehr spannend und außergewöhnlich, wie du weißt. Jetzt, wo ich nicht mehr schneidern kann, könnte ich doch aus meinem Leben erzählen und anderen Leuten Tipps geben? Oder vielleicht sogar mal zeigen, wie man meine Linsen-Zucchini-Frikadellen macht?«

Mum hört aufmerksam zu. Dabei heftet sie ihre Augen auf mich und beobachtet jede meiner Bewegungen.

Ich versuche, so unschuldig wie möglich zu gucken. So, als wüsste ich gar nicht, wovon Opa redet. Was Besseres fällt mir nicht ein.

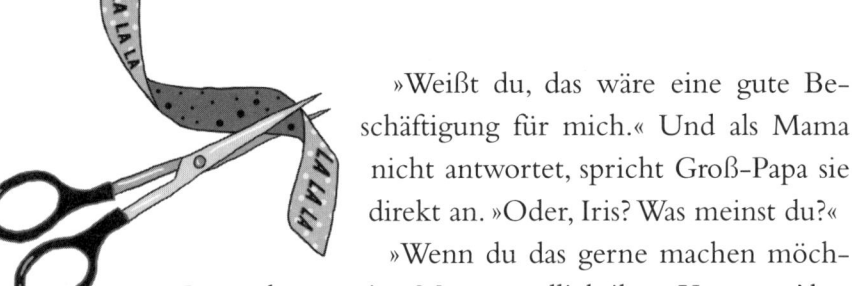

»Weißt du, das wäre eine gute Beschäftigung für mich.« Und als Mama
nicht antwortet, spricht Groß-Papa sie
direkt an. »Oder, Iris? Was meinst du?«

»Wenn du das gerne machen möch-
test.« Jetzt schaut meine Mutter endlich ihren Vater an. Aber
sie klingt nicht wirklich überzeugt.

Die Idee von Opa ist wirklich genial! Schließlich kann
Mama schlecht ihrem Vater verbieten, einen YT-Channel zu
haben. Trotzdem fühle ich mich wie auf einem zugefrorenen
See, dessen Eis jeden Moment nachgeben könnte.

»Ja«, sagt mein Groß-Papa. »Ich finde, das ist eine gute
Idee. Nur habe ich ein Problem.«

»Das da wäre?« Mama hebt die Augenbrauen, sonst ändert
sich ihre Mimik nicht. Ihre Stimme ist monoton.

»Na ja …« Opa lächelt und zwinkert mir zu. »Ich bin, was
die moderne Technik angeht, eine Niete. Da brauche ich
Gretas Hilfe.«

»Aha!«

Ich bekomme einen Schweißausbruch. Ich glaube, jetzt
muss ich etwas sagen. »Ich helfe dir gern, Opa!«

Mama sieht gar nicht glücklich aus. Aber sie kann schließlich auch schlecht mir verbieten, meinem Opa zu helfen.

Die Luft in meinem neuen Atelier knistert. Ich traue mich
kaum, mich zu bewegen. Es ist, als hätte das Eis unter meinen Füßen Risse bekommen. Das Wort *YouTube* ist noch gar
nicht gefallen. Wird meine Mutter das Thema ansprechen?
Oder Opa? Vielleicht tun jetzt auch alle so, als ginge es einfach nur um Videos, die man irgendwo anders zeigen kann?

Ich weiß es nicht. Mir wird fast schwindelig von all den Gedanken in meinem Kopf.

Plötzlich klingelt Groß-Papas Handy. Puh! Das Geräusch ist wie ein Rettungsseil, das man mir auf dem See zuwirft. Ich atme erleichtert auf. »Hallo? Risa? Oh, hallo! Ja danke, gut. Immer besser.« Mein Opa sieht auf einmal aus, als hätte ihm jemand eine rote Feinstrumpfhose über den Kopf gezogen. Wie ein verlegener Schuljunge schleicht er sich aus meinem Atelierzimmer.

Als er die Tür hinter sich schließt, sagt Mama, dass seine Nachbarin heute schon vier Mal angerufen hätte. »Also, das sind die Anrufe, die ich mitbekommen habe.« Sie wirkt fast erleichtert, dass wir jetzt über etwas anderes sprechen können.

»Ich habe doch von Anfang an gesagt, dass Frau Grohs total verschossen in Opa ist«, sage ich.

»Hm!« Mum lächelt. Endlich! Sie zuckt die Schultern. »Wahrscheinlich hast du recht. Jedenfalls glaube ich, dass Papa gar nicht mehr umziehen möchte.« Dann kratzt sie sich am Kopf. »Warte mal«, sagt sie. »Einmal war es gar nicht sie, die angerufen hat. Da war es ein Anruf aus Amerika.«

HÄ? »Amerika? Wer ruft denn von dort an?«

»Tja, du siehst, dein Opa ist immer noch ein begehrter Mann.«

»Ja«, sage ich, während mir das Gespräch mit Groß-Papa von neulich einfällt. »Vielleicht war es ja einer der Megastars, die nur noch Opa kennt: Donna Sunshine und Lina Turner, oder wie hießen die noch mal?«

Und da lacht meine Mutter und lacht und lacht. Als sie sich endlich wieder einkriegt, sagt sie: »So, wie du die nennst, kennt sie wohl keiner.«

Was weiß ich denn, wie die Oma-Stars heißen?! Trotzdem muss ich mitlachen. Und plötzlich habe ich das Bedürfnis, meine Mutter zu umarmen. »Danke, Mama. Es ist so schön, dass ich ein Atelier haben darf!«

»Ach, Kind. Ich freue mich doch auch, wenn du dein Talent weiterentwickeln kannst!«, sagt sie und streichelt mir über den Kopf.

»Ich muss dir etwas zeigen«, sage ich. Eigentlich habe ich ein furchtbares Gefühl dabei, weil eine Stimme in mir sagt, dass ich es besser sein lassen sollte. Aber andererseits finde ich, dass Mum es wissen muss. Weil man nämlich nie weiß, was sich Chiara noch einfallen lässt, um mich zu ärgern.

»Deine Videos?«, fragt Mama. »Kann ich sie mir nicht später ansehen? Mila hat bestimmt schon Hunger und Luka wird auch gleich kommen.«

»Nein, keine Videos. Warte!«, sage ich.

Ich flitze in mein Zimmer und hole schnell mein Handy. Unterwegs höre ich Groß-Papa immer noch mit Frau Grohs telefonieren. ICH STELLE FEST: Opa kann auch Flirt-Sprechen. Und er lacht schon wieder. Ich finde das echt schön.

Als ich wieder neben Mama sitze, atme ich tief ein. Dann öffne ich das Foto, das mir Julie heute geschickt hat. Ich hoffe, dass der Akku ausreichen wird. Mama guckt auf mein Telefon. »Was ist das?« Dann sieht sie genauer hin. »Das bist doch du, oder? Es ist dein Kleid. Aber wo ist dein Kopf?«

Ich sage nichts und beobachte Mums Reaktion. Sie entdeckt das Etikett. »So nicht!«, liest sie und sieht mich fragend an. »Was soll das heißen?«

»Ihr findet, dass ich großes Talent habe«, sage ich. »Aber ... aber das sieht nicht jeder so.«

»Was?« Mama blickt mich ungläubig an. »Wer?«

»Drei ... nein, zwei Mädchen aus meiner Klasse.«

»Haben sie das gemacht?« Meine Mutter zeigt auf das Foto. Ich nicke. »Chiara. Sie hat es auf ihrem YouTube-Kanal gezeigt, als schlechtes Beispiel. Ein No-Go-Outfit sozusagen.«

»Was? Ausgerechnet du sollst ein schlechtes Beispiel sein?«

»Ja.«

»Und wie kommt sie zu deinem Foto?«

»Hat sie einfach heimlich gemacht. Keine Ahnung. Aber das Schlimme ist, dass sie auch immer über mich lästern wegen meiner Klamotten.«

Mama springt auf und geht ein paarmal schnell auf und ab. Sie sieht schockiert aus. Dann setzt sie sich wieder.

»Wie unverschämt!« Sie schüttelt den Kopf. »Ich kann es nicht fassen. Siehst du, warum ich gegen Social Media bin?!«

»Aber Mama. Ich würde so was doch nicht machen. Außerdem ...« Jetzt erst merke ich, dass ich meiner Mutter eine wichtige Info vorenthalten habe. »Sie hat es außerdem schon wieder gelöscht.«

»Sicher?«

»Ja! Mimi und Julie haben nachgesehen.«

»Aber ...« Mama ist immer noch ganz aufgewühlt. »Wieso

ausgerechnet du? Du hast so einen tollen Stil. Deine Sachen sind einzigartig und …«

Ich zucke mit den Schultern. »Ich mache Chiara halt nicht nach. Fast alle ziehen sich so an, wie sie es auf ihrem YT-Channel vorstellt.«

»Wieso hast du mir nie davon erzählt, Greta?«, fragt Mum auf einmal.

Ehrlich jetzt? Das will meine Mutter echt wissen? Soll ich ihr das wirklich sagen?

✤ Weil du immer schimpfst.

✤ Weil du dich immer erschreckst oder aufregst.

✤ Weil ich den Koboldmaki noch mehr fürchte als deine Anfälle.

✤ Weil du immer »Nein!« sagst, und wenn du dann mal was erlaubst, kommt immer ein »Aber …«

✤ Weil du immer viel zu viel Angst hast.

NEIN. Ich sage das alles lieber nicht. Ich zucke lieber wieder nur die Schultern.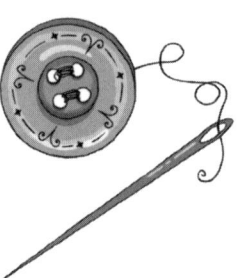

Diesmal kein »Aber«

ACHTUNG! FILM AB!
(Luka drückt auf »Aufnahme«.)

▶ »Hallo! Hi, ihr Lieben. Ähm, ja also: Herzlich willkommen auf GSMC. Ich, ich bin Greta. Greta Meiermüller und ich bin fast 13 Jahre alt, also, ähm 12¾. Psst. *(»Psst« und Milas Kichern rausschneiden!)* Heute ist ein ganz besonderer Tag für mich, denn heute starte ich meinen neuen Design- und DIY-Video-Blog. Hier werde ich euch ab jetzt jeden Donnerstag meine eigenen Designs vorstellen und euch zeigen, wie ich sie nähe. Okay, ihr könnt gerade nur mein Foto sehen, weil ich noch nicht 13 bin und na ja, weil ich vor der Kamera in Ohnmacht falle. Nein, Spaß. Aber ich bekomme Schluckauf und fange an zu stottern und was weiß ich noch alles. Das will ich euch nicht antun. Aber ich werde üben. Ich verspreche es!

(Luka schwenkt die Kameraeinstellung zur Schneiderpuppe, die meinen Rock anhat und meine Tasche um die Schulter trägt. Dann sind meine Hände zu sehen, die alles zeigen.)

Zum Beispiel hier diese Tasche. Die benutze ich inzwischen täglich als Schultasche. *(»Die liebe ich!« von Mimi und »Hey, schscht!« von mir = CUT!)* Ich werde euch das nächste Mal zeigen, wie ihr sie ganz einfach nachnähen könnt!

Und wisst ihr was? Manchmal wird mich auch mein megacooler Grandpa begleiten. Er heißt Johannes Elb und ist Theaterschneider. Aber er hat auch Kleider für richtige Megastars genäht. Okay, die kenne ich nicht, weil sie aus der Zeit stammen, als mein Opa noch jung war. Also, Tina und Donna zum Beispiel. Die Nachnamen habe ich schon wieder vergessen. Das sind wohl die Katy Perrys von damals! Aber Opa kann ja selbst erzählen. *(Lachen von Mama und Opa und mein »Die Nachnamen habe ich schon wieder vergessen.« wegschneiden.)* Und er wird euch die Kleider und Kostüme zeigen, die er mal genäht hat. Die meisten werden nämlich immer noch im Theater benutzt. Ja, weil die total echt aussehen. Wie aus dem Museum.

Und ähm ... vieles, was ich kann, habe ich von ihm gelernt. Er hat immer tolle Tipps und meine ganze Familie meint, dass ich nach ihm komme. Also, da ist er. Mein Groß-Papa!«

(Opa kommt herein. Spontanapplaus meiner Familie und von Julie und Mimi = CUT!)

»Hallo, herzlich willkommen! Bis mein wunderbarer Enkeling so weit ist, müsst ihr allein mit meinem Antlitz vorliebnehmen.« *(Opa winkt in die Kamera. – Jetzt schwenkt Luka mit der Kamera auf Tessa.)*

»Neulich hat Opa mir diese uralte, einzigartige Nähmaschine geschenkt. Ganz schön IMPOSANT, oder? Ihr könnt euch gar nicht vorstellen, wie ich mich gefreut habe! Sie heißt Tessa und sie kann nicht nur viel, sie hat auch vieeel erlebt. Ich meine, hey, sie ist von 1832! Grandpa wird euch in unseren History-Tutorials von Tessas Abenteuern erzählen.

Und wisst ihr was? Wir fangen heute gleich damit an:

FILM AB!« *(Luka spielt das Video ab.)*

▶ »Tessa wurde 1832 in Landau geboren. Als neuestes und modernstes Modell ihrer Zeit war TESSA 1001 unter allen Meisterschneidern der Welt hochbegehrt. Sie hatte insgesamt nur 35 Schwestern. Es heißt, dass diese Tessa auf Bestellung eines der besten Hofschneider des Kaisers von China hergestellt wurde. Ziemlich bald nach der Fertigstellung wurde sie in einer edlen Zedernholzkiste verpackt und auf besonderen Wunsch hin auf die lange Reise über die alte Seidenstraße geschickt. Leider hat sie das Ziel nie erreicht ...« *(Luka filmt wieder uns, das heißt Groß-Papa, der jetzt mein Foto in der Hand hält.)*

▶ »So, ihr Lieben. Das war's für heute. Wenn es euch gefallen hat, dann freuen wir uns über eure Daumen, die nach oben zeigen! *(Opa macht mit der freien Hand Daumen hoch. Ich schiebe meinen Daumen von der Seite ins Bild.)* Und wenn ihr eine Idee habt, oder Kritik oder einfach nur nette Kommentare hinterlassen wollt, dann freuen wir uns darüber! Ciao! Bis bald wieder hier!«

»Bye-bye!« *(Opa winkt. Meine Hand auch. Hier Einblendung des Abspanns.)*

CUT!

»Cool!«

»Super!«

»Megatoll!«

»Wirklich gelungen!«

Alle klatschen.

»Findet ihr wirklich?«, frage ich. Ich bin etwas unsicher. Aber noch mal alles von vorne? Das kann ich den anderen nicht antun. Das war schon die siebte Version.

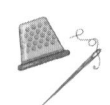

Anfangs habe ich mich todesmutig vor die Kamera gestellt. Obwohl ich wusste, was passieren würde. KNOCK-OUT. Erst habe ich einen irren Schluckauf bekommen und dann habe ich angefangen, wie verrückt zu stottern. Die anderen haben mir trotzdem zugesprochen, nicht aufzugeben, aber ich glaube, irgendwann waren dann doch alle ziemlich genervt! Bis ich sie überzeugen konnte, dass die Lösung mit dem Foto erst einmal die beste ist, hat es trotzdem ganz schön gedauert.

Luka meinte aber, dass es komisch wäre, wenn ich dazu keine Erklärung abgäbe.

»Ja, du solltest offen sagen, warum man dich nicht sieht«, sagte auch Julie. Ich habe gesagt, dass ich das echt peinlich finde. Aber schließlich habe ich mich überreden lassen, weil eine Video-Bloggerin, die nicht in der Lage ist, einen vernünftigen Satz zustande zu bringen, noch tausend Mal peinlicher ist.

Mama hatte dann noch die Idee, die Sache mit dem Alter zu erwähnen. »Rechtlich sind wir so auch auf der sicheren Seite!«

Zufrieden bin ich aber jetzt trotzdem nicht. »Bleiben wir dabei?«, frage ich noch mal.

Luka hat aber diesmal das Video schon auf mein Tablet übertragen und ich protestiere nicht. Vielleicht ist es doch nicht so schlecht geworden?

Wir sehen es uns alle zusammen komplett an.

»Guckt doch. Das meine ich«, sage ich. »Am Anfang habe ich mich noch dauernd verhaspelt. Und ganz oft ›Ähms‹ und so gesagt.«

»Das ist doch normal«, sagt meine Mutter.

»Das wirkt natürlich«, sagt Opa. »Aber du hast mich ja in den Himmel gelobt … Ist das nicht etwas zu viel?«

NEIN! Da sind sich alle einig.

»GSMC?«, sagt Mimi. »Echt jetzt?«

»Ja, es ist zwar blöd, dass ich das von Chiara übernehme, aber der Titel passt einfach perfekt und klingt doch gut: Greta's Self-Made Clothes?«

Da kann mir keiner widersprechen.

Und Julie hat noch ein zusätzliches Argument: »Das ist doch die beste Strafe für Chiara. Erst recht, wenn du Erfolg hast.«

PENG! Genau das ist es. Das habe ich irgendwie gefühlt, konnte es aber nicht erklären.

»Du musst aber ein paar Stellen wegschneiden«, meint Luka.

Ich nicke. »Ich weiß. Die habe ich mir eben notiert.« Dann wende ich mich an Mama, Opa, Mila und Mimi. »Ihr konntet ja einfach nicht still sein! Also wirklich!«

»Ich hab aber niz gepupzt!«, sagt Mila.

»Weißt du«, sagt Julie nachdenklich, »ich finde eigentlich, du solltest die Stellen drin lassen. Ist doch cool so mit Publikum.«

»Echt? Meinst du?«

Mimi klatscht in die Hände. »Ja, das ist wirklich eine gute Idee!«

»Das wirkt authentischer, so interaktiv!«, sagt meine Mutter.

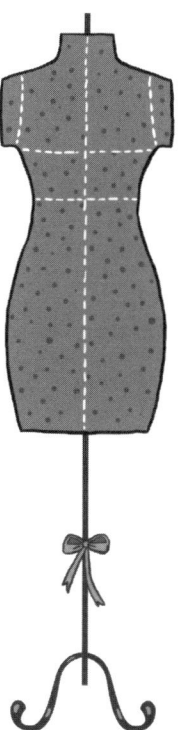

Ich beschließe, mir das Video noch mal in Ruhe anzusehen. Erst dann will ich entscheiden, ob ich die Störstellen herausschneiden werde oder nicht.

Und dann wird es auf einmal still. Alle blicken zu Mum. Meine Mutter verschränkt die Arme und wiegt den Kopf hin und her. Sie weiß genau, dass sie jetzt an der Reihe ist. Alles steht und fällt mit ihr.

#MamaIstDieMacht 😎

»Mama! Du kannst dir alle Videos vorher angucken, versprochen. Und die Kommentare kannst du ja auch immer lesen. Ich meine, du musst ja nur meine Abonnentin werden.«

»Ich weiß nicht«, sagt Mama. »Was ist, wenn dich jemand gefährdet? Diese virtuelle Welt. Das ist mir alles nicht geheuer.«

»Wie denn gefährden? Opa macht doch mit! Meistens jedenfalls. Dann wird sich niemand trauen!«

»Ich erinnere dich nur an dein Foto, das diese ... wie heißt sie noch ... Chiara? ... von dir veröffentlicht hat!«

»Aber das hatte doch gar nichts mit einem YT-Kanal zu tun«, sagt Luka. »Greta hat keinen Channel und Chiara hat das Bild trotzdem einfach so veröffentlicht.«

WOAH! Das ist ja mal echt cool! Das finde ich so nett von meinem Bruder. Und er hat total recht. Ich hebe meinen Daumen und winke ihm damit. Ich glaube langsam, durch Julie kommen Lukas beste Seiten hervor.

»Böswillige Menschen kann es doch überall geben, Iris«, sagt Opa. »Wir müssen einfach immer und überall aufeinander aufpassen.«

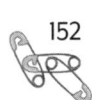

»Das machen wir auch«, sagt Mimi. »Versprochen!«

»Julie und Mimi haben bei dieser Foto-Sache ja auch aufgepasst. Deswegen hat Chiara es auch sofort wieder gelöscht. Und ich sage dir, das wird sie sich nie wieder trauen … Bitte, Mama!«

Ich sehe in die Runde und muss beinahe lachen. Alle schauen meine Mutter mit meinem Bitte-bitte-Blick an. Ich bin nicht mehr allein! Wir sind zu … Moment: Opa, Luka, Mila, Mimi, Julie und ich … wir sind zu sechst.

»Puh!«, macht meine Mutter. Ich spüre richtig, wie sie loslässt. Und noch bevor sie etwas sagt, fällt mir ein riesiger Brocken vom Herzen. Innerlich jubele ich schon. »Na schön!« Sie lächelt. Ja, okay, vielleicht lächelt sie etwas gequält, aber sie lächelt. »Ja!«

OMG! YAYYY! HOHOHAHAHAAAA! JUHUUU! PARTY-TIME!

Alle jubeln.

Bis auf Mama. Sie sitzt etwas hilflos da. Dann öffnet sie ihren Mund. OH, OH!

Ich ahne schon, was jetzt kommt. Bitte nicht! Kein »Aber«!

»Mum, du bist einfach die Beste!«, rufe ich schnell.

Und dann quatschen sowieso alle so laut durcheinander, dass sie den Mund wieder schließt.

Ich kann es nicht fassen! Alle bitte mitschreiben:

Mit dem heutigen Tag bin ich THE HAPPIEST GIRL ALL OVER THE WORLD! YAY!!!

SO VIEL NÄHGARN

Dass das heute noch passieren würde, damit hätte ich NIE, NIE im Leben gerechnet!

Ich saß mit meiner Mum im Atelierzimmer. Ich hatte ihr gerade die Sache mit meinem Foto erzählt, als Opa hereinkam. Mum wollte gleich, dass ich ihm das Bild auch zeige.

Die gute Laune von meinem Groß-Papa war mit einem Schlag verschwunden. »Das ist ja unerhört!«, brummte er. »Ausgerechnet meinem Enkeling so etwas anzutun!«

Er hat sich erst wieder beruhigt, als er erfuhr, dass das Video bereits gelöscht war. »Die kriechende Mittelmäßigkeit kommt weiter als das geflügelte Talent; der Schein regiert die Welt, und die Gerechtigkeit ist nur auf der Bühne«, murmelte er kopfschüttelnd.

HÄ? »Was meinst du denn damit, Opa?«

»Schiller«, sagte Groß-Papa. »Der Parasit.«

»Ähm, du meinst jetzt aber nicht, dass Chiara ein Parasit ist?«

»Hohohoho! Nein, Kind, das Stück heißt nur so. Ich habe lediglich daraus zitiert.«

In dem Moment klingelte es. Ich hielt die Luft an. Das war bestimmt Luka! Wie würde er auf mein Atelier reagieren? Er durfte jetzt auf keinen Fall jammern, von wegen, es wäre ungerecht, dass ich jetzt zwei Zimmer hatte und er nur eins.

Luka hatte Julie mitgebracht. Ich freute mich. Mittlerweile mag ich Julie wirklich richtig gern.

»Opa, das ist Julie«, sagte Luka. »Und das ist unser Opa!«

»Oh, willkommen, willkommen! Ich freue mich, dich kennenzulernen, Julie!«

»Ich freue mich auch«, sagte Lukas Freundin, die ja jetzt irgendwie auch meine war. Julie sah Groß-Papa voller Begeisterung an. Das bin ich gewohnt. Seine freundliche Erscheinung und seine Größe wirken immer faszinierend auf die Leute.

»Kommt herein«, sagte er. »Wir sitzen gerade im neuen Nähatelier von Greta.«

Julie war sofort hingerissen. »Jetzt hast du wenigstens Platz. War ja schon sehr eng bei dir im Zimmer.«

Ich stimmte ihr zu und lugte dabei immer wieder zu Luka. Bis jetzt konnte ich seinen Gesichtsausdruck nicht wirklich deuten. Wobei das fast normal ist, weil man sowieso immer nur die Hälfte seines Gesichts zu sehen bekommt.

Plötzlich fing er an zu nicken. »Cool!«, sagte er. »Finde ich cool.«

Ein riesiger Kloß plumpste mir vom Herzen. Ich war total erleichtert. Und natürlich würde ich ihm gerne den Raum zur Verfügung stellen, wenn mal »ein Projekt« anstünde. WIESO EIGENTLICH NICHT?

»Und? Wann willst du endlich mit deinem VLog anfangen?«

Ich schluckte. Wie kam mein Bruder denn auf einmal auf dieses Thema?

»Mit was anfangen?«, fragte Mum.

»Na, mit ihrem YouTube-Channel.« Und zu mir sagte er: »Wenn selbst so Tussis wie die Chiara sich über dich lustig machen, dann musst du einfach zeigen, was du kannst!«

Reflexartig sah ich zu Julie. Sie hatte ihm davon erzählt. Mein Bruder konnte oft eine echte Nervensäge sein, aber manchmal – in solchen Momenten wie diesen – da war er... einfach SO SÜSS!

»Kann ich dir jetzt mal meine Videos zeigen, Mama? Oder euch allen?«, fragte ich vorsichtig.

»Schon wieder dieses Thema!«, sagte Mum. Sie warf Opa einen Blick zu und schüttelte dabei den Kopf. »Von wegen, du hättest jetzt eine neue Beschäftigung und Greta müsste dir dabei helfen. Also Papa, wirklich. Als würde ich so was nicht merken!«

»Aber es stimmt doch auch«, verteidigte ich meinen Opa. »Irgendwie.«

Und Groß-Papa grinste frech. »Nur umgekehrt!«

»Weil wir, also Opa und ich, wir hatten die Idee, dass wir die Videos zusammen machen. Und wenn er dabei ist, kann auch nichts passieren.«

»Das habt ihr also hinter meinem Rücken ausgeheckt, ja?« Mama schüttelte zwar immer noch den Kopf, aber irgendwie habe ich in dem Moment gespürt, dass ein Damm gebrochen ist. Denn als Luka das eben gesagt hatte, waren alle gerührt. Nicht nur ich. Und ich wusste genau, dass Mama genauso dachte. Ich meine, was Chiara anging.

»Hey, die Idee ist so cool!«, meinte Julie. »Soweit ich weiß, gibt es so was noch gar nicht.«

»Willst wohl aus Opa einen Blogstar machen, was?« Luka grinste.

#BlogstarOpa 👍✌️♡

»Wieso nicht? Er wird ja nicht nur die History-Tutorials über Tessa oder sein Leben übernehmen. Er wird ja auch Näh-Hacks zeigen, wenn ich meine DIY-Tutorials mache oder alte Klamotten pimpe? Nicht wahr, Opa?«

»Was werde ich?« Groß-Papa schüttelte sich. »Meint ihr mich? Würdet ihr bitte Deutsch mit mir reden!«

»Das ist Deutsch«, lachte Luka. Er kriegte sich kaum wieder ein. »Neudeutsch!«

»Also!« Ich übernahm die Rolle der Übersetzerin. TU-BER-Deutsch = DEUTSCH.

»Ahhh!«, sagte Opa träumerisch, nachdem ihm mehrere Lichter aufgegangen waren. »Das ist eine so tolle Gelegenheit, mein Wissen weiterzugeben. Fast noch besser, als meine Biografie zu schreiben.«

Ich nickte, aber Mama fasste sich an die Stirn und schloss die Augen.

Groß-Papa wurde plötzlich ernst. »Iris, sieh dir doch erst mal an, was Greta vorhat. Dann kannst du doch immer noch entscheiden.«

DAS WAR EIN WORT!

#OpaSprichtDasWortDesTages 🙏😇

Und es war kaum zu fassen, aber meine Mutter stimmte zu.

Jetzt war ich an der Reihe, mein erstes Publikum zu begeistern und vor allem Mama endgültig zu überzeugen.

Ich habe dann alle rausgeschickt. Nur Groß-Papa und ich sind im Atelier geblieben. Wir mussten uns schließlich erst

KORDEL

einmal absprechen und ein bisschen üben. Für 16 Uhr hatten wir alle in mein Atelier eingeladen. Obwohl Mimi gesagt hatte, dass sie mit ihrer Mutter shoppen gehen wollte, schickte ich ihr eine Sprachnachricht und erzählte alles in Kurzform. »Vielleicht seid ihr ja schon wieder da. Es wäre echt super, wenn du kommen würdest.«

Mimi schrieb sofort zurück. »Wow! Meine Mutter ist nicht da. Shopping haben wir verschoben. Ich komme!«

YAY … Zum Glück hatte der Akku noch für Mimis Antwort gereicht, aber dann war das Display plötzlich ganz schwarz. Mein Handy kam erst mal an die Steckdose. Opa und ich holten die drei Hocker aus der Küche. Von Mila lieh ich mir die großen Bodenkissen aus.

»Kann ich auch mitzpielen?«, fragte Mila. Sie hatte schon mitbekommen, dass wir etwas vorhatten.

»Klar!«, sagte ich. »Du gehörst zum Publikum.«

»Pupzlikum?«

HAHAHA! »Ja, das sieht dir ähnlich«, sagte ich. »Du kleine Pups-Prinzessin, du! Nicht dass du beim Zugucken in die Kissen pupst!«

Mila kicherte. »Nein!«

»Versprochen?«, fragte ich so ernst wie möglich. »Weil ich mich sonst bestimmt nicht konzentrieren kann!«

»Okay. Verzprochen.«

Noch im Flur hörte ich meine kleine Schwester glucksen.

Folge mir

Der Moment ist gekommen. YAY!

Das Video ist fertig. Fertig geschnitten. Effekte eingespielt. Ton überarbeitet. Mindestens zehn Mal gecheckt. Außerdem habe ich meinen eigenen YT-Channel eingerichtet und bin seit drei Minuten online. Jetzt sitzen Luka und ich vor meinem Laptop und ich muss nur noch auf »Veröffentlichen« klicken. Und wenn alles gut läuft, dann schaffen Opa und ich es vielleicht auch, an der Newcomer-Challenge im Juli teilzunehmen!

Luka hat mir echt viel geholfen! Er will mich auch später dabei unterstützen, die vielen Aufnahmen, die ich schon gesammelt habe, zu schneiden und in neue Tutorials einzubauen.

#BesterBruder 🖤💪

Opa ist wieder nach Hause gefahren und sitzt jetzt in seinem Landhaus an seinem Computer. Genauso wie Julie und Mimi. Ich vermute, dass Frau Grohs bei Opa ist. Aber vielleicht ist sie ja auch selbst online. Meine Mum ist mit Mila in ihrem Zimmer. Sobald das Video hochgeladen ist, wollen sie mir ALLE folgen und das Video liken. Sie haben eine Wette abgeschlossen. Jeder will der Erste sein.

Ich zögere immer noch. Wenn ich jetzt auf diese Taste klicke, dann schicke ich unser Video heraus in die große, weite Welt da draußen. Und im Augenblick weiß ich nicht, wie es ausgehen wird. Werden die Leute es mögen? Was werden sie zu meinen Ideen sagen? Ist das jetzt der erste Schritt für meine Zukunft als Designerin? Wie viele Abonnenten werde ich haben? Werden wir beim Newcomer-Challenge eine Chance haben?

Luka scheint meine Gedanken zu lesen. Er schubst mich an und nickt mir zu. Ich atme tief ein.

EINS.

ZWEI.

DREI.

LOS!

AAAAH! Es ist weg!

Luka und ich fallen uns in die Arme. »Danke, Luka«, sage ich. »Du hast mir so viel geholfen. Ohne dich hätte ich das nicht geschafft.«

Luka grinst.

Und dann starren wir auf den Bildschirm.

Hahaha! Mimi hat es geschafft. Wie sie es mir immer versprochen hatte, sie ist meine erste Abonnentin geworden.

Dann kommt Mama.

Groß-Papa hat es auch geschafft.

Und Julie.

HEY! Frau Grohs. Ja, das muss sie sein: »RiGro« kann nur für Risa Grohs stehen.

Jetzt kommt Luka. Er hat sich gerade neben mir über sein Handy eingeloggt.

»Da bist du!«, sage ich. Er hebt die Hand. TSCHAKKA!

Sechs Abonnenten in einer Minute. Das ist ja mal ein Rekord, oder? Jetzt kommen die Daumen …

Eins, drei, sechs, acht, elf …

HÄ?

So schnell geht das? Wer sind denn die alle?

#JetztBinIchYouTuberin 👸

#GSMCFeedsBlogstarOpa 👍👍👍 ♥

#JetztGeht'sLos ▶

DIY-Tutorials

▶ Hallohooo, herzlich willkommen! Hier bin ich wieder: Greta Meiermüller. Schön, dass du wieder eingeschaltet hast. Ich zeige dir heute, wie du aus einem alten Rock eine coole Shoppingtasche zaubern kannst. Ich benutze sie inzwischen auch als Schultasche.

Dafür brauchst du:

❀ einen alten Rock, am besten aus einem festen Stoff wie Jeans, Cord, Leinen oder aus Leder

❀ Dekomaterial: bunte Plüsch-, Stoff- oder Lederreste, Knöpfe, Bommeln oder Reißverschlüsse

❀ zwei gleich lange Gürtel, die du nicht mehr brauchst

Material

Das Tolle bei dieser Tasche ist, dass es ganz schnell geht und man kaum nähen muss. Total EASY! Der Bund des Rockes ist die Öffnung der Tasche und der Saum ist der Boden. Natürlich muss der Saum unten zugenäht werden. Das machst du am besten, indem du den Rock auf links drehst. Vorher solltest du dir überlegen, wie groß die Tasche sein soll. Je nachdem kannst du dann dafür einen Minirock oder einen knielangen Rock nehmen.

auf links drehen und unten zusammennähen

TOTAL EASY!:-)

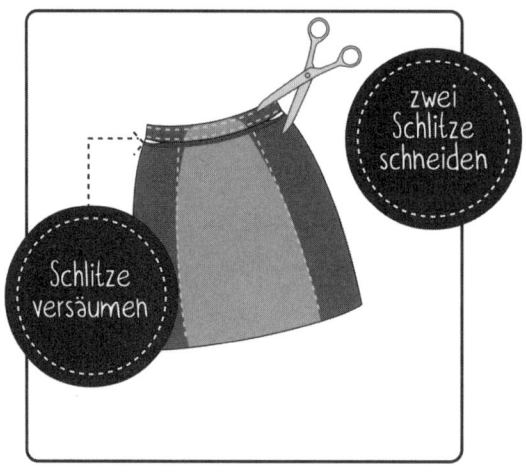

Dann schneidest du am Bund entlang an beiden Seiten einen kurzen gürtelbreiten Schlitz, dessen Kanten du rundherum versäumen musst. Die Gürtel steckst du dann jeweils in diese Schlitze und schnallst sie in der Mitte aneinander.

Am Ende kannst du die Tasche mit verschiedenen bunten Materialien, die du aufnähst, verzieren.

▶ Hi! Hier ist Greta Meiermüller. Ich freue mich sehr, dass du wieder dabei bist! Heute zeige ich dir, wie du diesen kurzen Lagenrock nähen kannst. Es ist viel einfacher, als es aussieht!

Dafür brauchst du:

* einen leicht fallenden Stoff
* Tüll in zwei oder drei verschiedenen Farben (am besten sieht es aus, wenn sich die Farben in dem Deckstoff wiederholen)
* Spitze
* einen Druckknopf zum Annähen oder ein Stück Klettverschluss

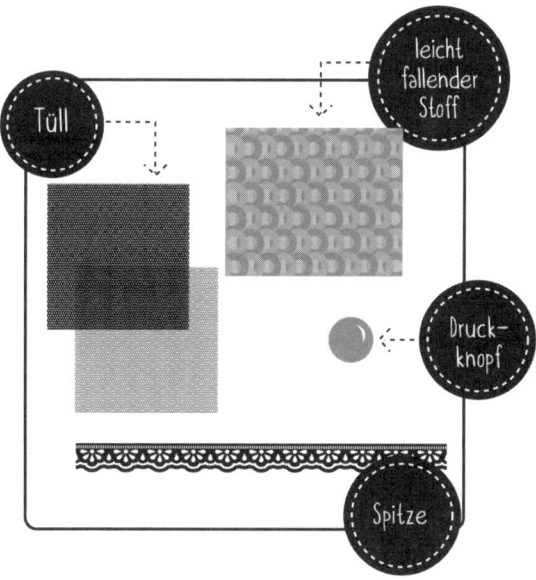

Das wird ein cooler Tellerrock, den sicher keiner hat, weil nämlich ich den entworfen habe. Und wenn du auch so einen haben willst, dann musst du zunächst messen. Und zwar die Länge von deiner Taille bis etwa eine Handbreit über deinem Knie. Am besten lässt du dir dabei helfen, denn du musst beim Messen gerade stehen.

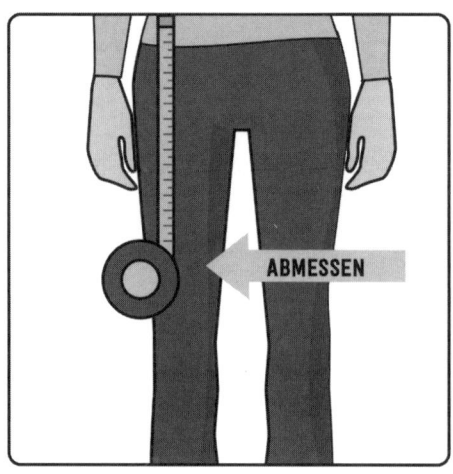

Das Ergebnis ist der Radius (Sorry, dass ich dich an Mathe erinnern muss!) für den Kreis des Deckstoffes, also der obersten Lage. Jetzt musst du dein Mäppchen herauskramen. Du brauchst nämlich einen spitzen Bleistift. An den bindest du eine Schnur, die so lang ist wie der gemessene Radius. An das andere Ende bindest du ein Stück Kreide. Den Bleistift steckst du in die Mitte des Stoffes, den du vorher glatt auf dem Boden ausgebreitet hast. Am besten bittest du jemanden, den Stift festzuhalten. Jetzt spannst du die Schnur und zeichnest mit der Kreide wie mit einem Zirkel (Okay, immer noch Schule!) einen Kreis auf den Stoff.

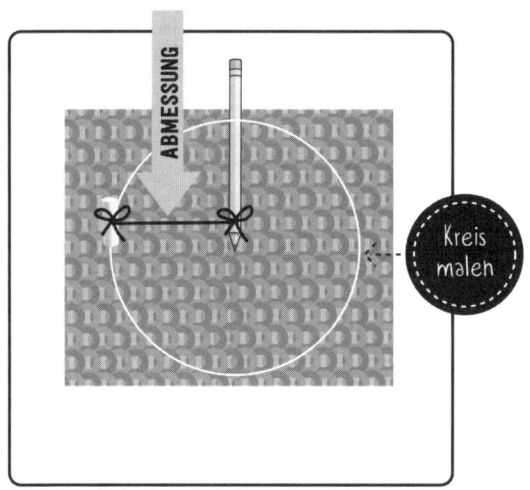

Dasselbe wiederholst du jetzt mit dem Tüll. Wichtig dabei ist, dass jede einzelne Lage jeweils 10 Zentimeter länger ist als die vorherige. Also muss deine Schnur auch bei jeder Lage jeweils 10 Zentimeter länger sein. Sind alle Lagen aufgezeichnet, schneidest du die Kreise aus.

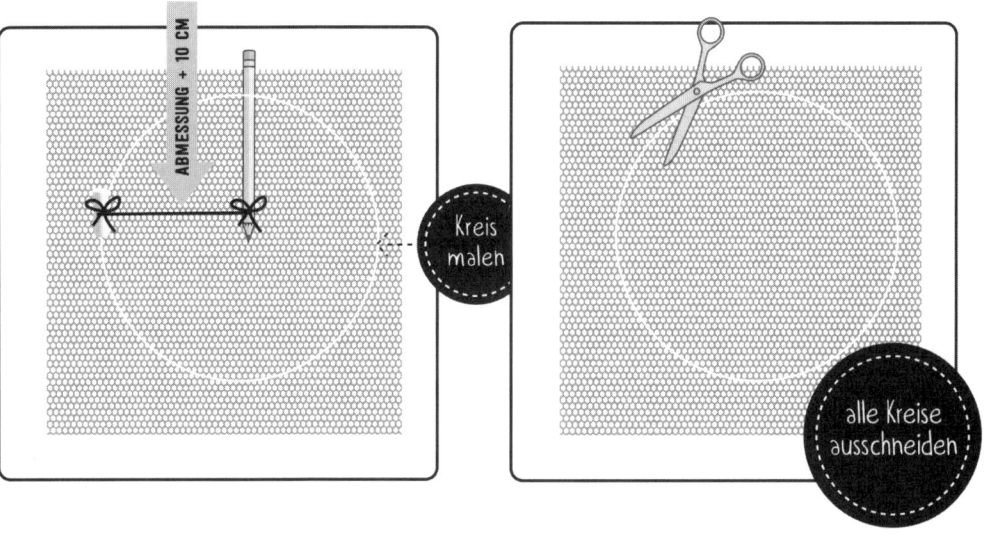

Jeder Kreis wird jetzt jeweils von der Mitte aus zwei Mal gefaltet, etwa so wie ein Viertel Stück Kuchen (Jetzt auch noch Bruchrechnen!).

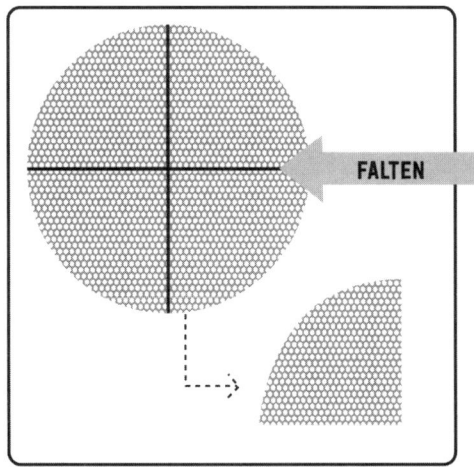

Dann wird noch einmal gemessen. Nämlich der Umfang deiner Taille.

Diese Zahl wird durch sechs geteilt (Ist ja nicht so schwer, oder?). Das Ergebnis musst du dir merken. Von der Spitze eines jeden Stoff-Viertels aus misst du nämlich eine senkrechte Linie in der Länge der ausgerechneten Zahl. In Zentimetern bitte.

Hier zeichnest du eine mondsichelförmige Linie ein. An dieser Linie entlang schneidest du nun die Spitze ab. Jetzt hat der Kreis in der Mitte ein Loch. Dies wiederholst du bei allen Tüll-Kreisen.

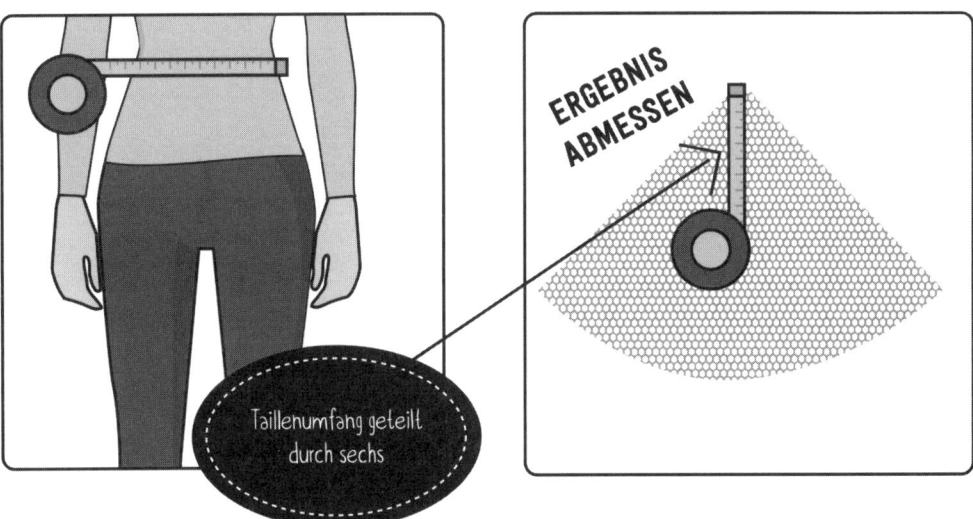

Taillenumfang geteilt
durch sechs

ERGEBNIS
ABMESSEN

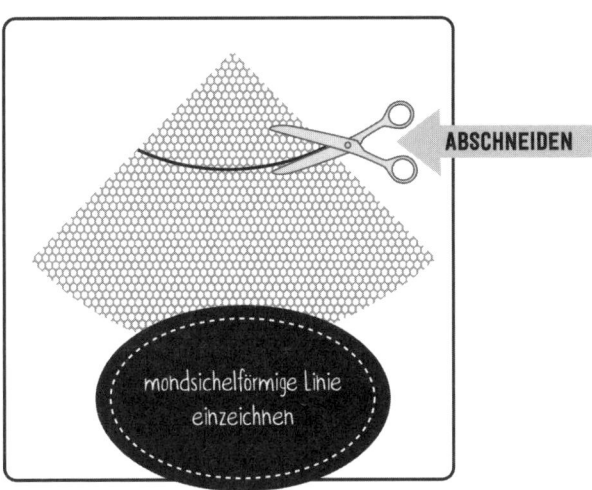

ABSCHNEIDEN

mondsichelförmige Linie
einzeichnen

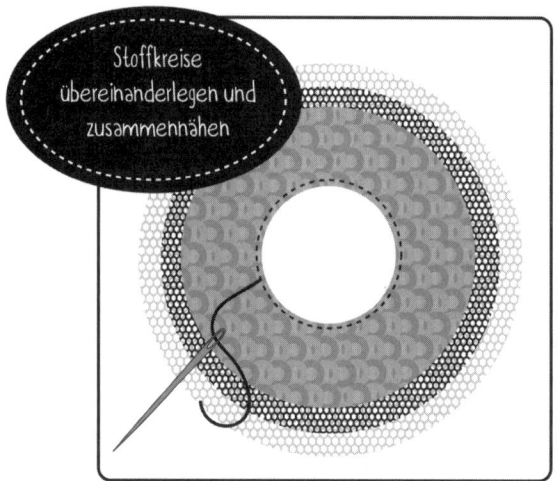

Stoffkreise übereinanderlegen und zusammennähen

Dann legst du die Kreise übereinander, sodass die längste Lage ganz unten und die kürzeste ganz oben liegt. Jetzt nähst du alle Lagen am Kreis entlang zusammen. Wenn du fertig bist, solltest du jetzt den Rock mal anprobieren. Kommst du problemlos hinein? Prima! Ist der Kreis aber zu eng, kannst du ihn vorsichtig mit einem Schnitt seitwärts erweitern. Jetzt drehst du den Lagenrock auf links und versäumst die Kanten des seitlichen Schnittes.

Mit Stoffresten des Deckrockes nähst du nun einen Bund an. An die offene Seite des Bundes kannst du einen Druckknopf oder ein passend geschnittenes Stück Klettverschluss anbringen.

Jetzt kommt der letzte Schritt: An die Säume der unterschiedlichen Lagen nähst du rundherum noch die Spitze an – fertig!

Leseprobe

256 Seiten., €/D 12,99

Lea ist zum ersten Mal verliebt – in Jan.
Aber wie soll man nur mit seiner ersten
großen Liebe reden? Sie beginnt den längsten
und definitiv peinlichsten Liebesbrief
der Welt zu schreiben. Er darf nur NIE, NIE, NIEMALS
in Jans Hände geraten ...

Lies doch mal rein!

Hey Jan,

das hier ist kein Liebesbrief! Ich bin nämlich nicht in dich verliebt. Genau genommen war ich noch nie verliebt und ich weiß auch nicht so richtig, wie sich das anfühlen soll. So einen Brief anzufangen, ist irgendwie ganz schön schwer.

Ich habe uns nebeneinander gezeichnet, damit du siehst, wie gut wir zusammenpassen. Würden. Im echten Leben stelle ich mich nämlich leider nicht einfach neben dich und sage: „Guck mal, wie gut wir zusammenpassen!" Dazu müsste ich dich ja auch erst mal vor einen Spiegel zerren und der einzige Ort mit Spiegeln an unserer Schule sind die Toiletten und die Umkleiden … Stopp! Das will ich mir lieber nicht vorstellen.

Also, weil ich nie im Leben den Mut hätte, dir zu sagen, wie unglaublich supermegatoll ich dich finde, schreibe ich dir diesen Brief. Und weil ich mich im echten Leben in Wackelpudding verwandele, sobald ich dich sehe, werde ich vermutlich auch niemals den Mut haben, dir diesen Brief zu geben. Echt blöd, aber so ist das halt.

Pinky sagt, ein Junge darf niemals merken, wenn ein Mädchen ihn gut findet. Er soll dafür aber merken, dass er das Mädchen gut findet. Pinky ist ziemlich ausgeflippt, wie du sehen kannst. Ganz anders als ich. In ihrer Schultasche ist gerade mal Platz für ihre Schminke, einen Block und ihr Mäppchen. Ihre Bücher lässt sie meistens in der Schule. Wenn sie mal eins braucht, trägt sie das unterm Arm nach Hause.

das ist Pinky, wer sonst

Pinkys sogenann
Schultasche

Aber eigentlich braucht sie selten eins, denn Lernen ist ihrer Meinung nach Zeitverschwendung. Alles Wichtige merkt man sich so, und alles, was man sich nicht merken kann, ist auch nicht wichtig, sagt Pinky. Die Lehrer sehen das natürlich ganz anders. Deshalb musste Pinky auch schon eine Ehrenrunde drehen, aber das ist ihr völlig egal. Ganz schön cool, ihre Einstellung, was? Also, ich könnte nie so locker sein. Pinky findet mich immer zu brav. Sie meint, ich solle mir wenigstens auch mal 'ne pinke Strähne färben. Das wär aber ja nachgemacht, deshalb lass ich das. Vielleicht fällt mir mal was anderes ein, was eigenes. Jedenfalls ist Pinky meine beste Freundin, aber ihre Ratschläge finde ich manchmal trotzdem komisch. Warum darf man es einem Jungen nicht zeigen, wenn man ihn mag? Also, ich würde dir sofort sagen, dass du mich total umgehauen hast. Ähm, ja, wenn ich mich das halt trauen würde. Die letzten Jahre muss ich wohl mit Rollläden vor den Augen durch unsere Schule gelaufen sein – anders kann ich mir nicht erklären, weshalb ich dich erst heute richtig wahrgenommen habe.

Es ist der erste Tag nach den Sommerferien. Die Sonne scheint und ich schlendere über unseren Schulhof. Findest du es auch so witzig, dass die Lehrer diesmal ein kleines Fest veranstalten und ihre AGs präsentieren? Ich glaube, das hängt mit diesem Lehrer-Preis zusammen, den Direktor Broll im letzten Schuljahr ausgelobt hat: *Für mehr Engagement an unserer Schule*. Seitdem wetteifern sie geradezu, wer der tollste Lehrer ist. Meine Klassenlehrerin, Frau Sauerwein, scheint mit ihrer Theater-AG ganz weit vorn zu liegen und jetzt hat sie sich zusätzlich noch die „Girl-Power"-AG ausgedacht. Wohl eine

Art Selbsthilfegruppe – natürlich nur für Mädchen, wie der Name schon sagt. Ein paar Fünftklässlerinnen scharen sich um ihren Stand und tragen sich in die Liste ein. Also, ich würde mich in keiner der beiden AGs anmelden, schon allein wegen der Sauerwein. Die ist manchmal ziemlich anstrengend.

Direkt neben Frau Sauerwein wirbt Frau Müller für die Koch-AG.

Soll ich das mal ausprobieren? Lieber nicht, am Ende denkt meine Familie dann, dass ich sie ständig bekoche. Gerade will ich weitergehen, da trifft mich plötzlich der Blitz, zack! Echt jetzt, so war das! Ich kann mir das auch nicht erklären, weil weder Gewitterwolken noch Starkstromkabel in der Nähe waren. Aber da warst DU! Eigentlich standest du einfach nur bei Frau Müller und hast gar nichts gemacht. Oder doch – du hast sehr nett gelächelt, während der Blitz mich quasi zu Brei püriert hat. Frau Müller hat so eine Suppe für alle gekocht, in die man Buchstabennudeln reinwerfen konnte. Vorher sollte man mit den Nudelbuchstaben ein Wort oder einen Satz legen, irgendwas, das man sich für das neue Schuljahr wünscht. Danach hat man dann eine Tasse von der Suppe bekommen, damit man den Wunsch in sich aufnehmen kann. Ehrlich gesagt, hasse ich Nudelsuppe, und für eine Koch-AG finde ich Nudelsuppe auch ziemlich armselig, aber was soll's? Du stehst da und wie ein unsichtbarer Magnet zieht es mich plötzlich zur Nudelbrühe. Ich weiß auch schon ganz genau, was ich mir wünsche, und lege das Wort: LOVE